Salvatore Panzarella

La città santa immaginata

Salvatore Panzarella

La città santa immaginata

Modelli ecclesiologici da Ezechiele all'Apocalisse

Edizioni Sant'Antonio

Cover image: Fornito dall'autore

Publisher:
Edizioni Accademiche Italiane
is a trademark of
International Book Market Service Ltd., member of OmniScriptum Publishing Group
17 Meldrum Street, Beau Bassin 71504, Mauritius

Printed at: see last page
ISBN: 978-613-8-39329-0

A chi ancora nella Chiesa progetta

Sigle e Abbreviazioni

AT = Antico Testamento

Cf. = *Confer*

col./coll. = colonna/colonne

CuBi = Cultura Biblica

ed., edd. = *edit*, *edidit*

ET = The Expository Times

fr. = frammento

GLNT = *Grande Lessico del Nuovo Testamento*, KITTEL G. - FRIEDRICH G. (edd.), Paideia, Brescia.

Hen = Henoc

HoTh = Ho Theológos

IEJ = Israel Exploration Journal

JThSt = The Journal of Theological Studies

lett. = letteralmente

LXX = La Settanta

n. = nota

Neotest = Neotestamentica

NT = Nuovo Testamento

NTS = New Testament Studies

r./rr. = riga/righe

RivBib = Rivista Biblica

TM = Testo masoretico

ThQ = Theologische Quartalschrift

TynB = Tyndale Bulletin

VT = Vetus Testamentum

ZNW = Zeitschrift für die Neutestamentliche Wissenschaft

ZTK = Zeitschrift für Theologie und Kirche

Le pietre di Gerusalemme

"Le pietre raccontano" dice un antico adagio.

Talvolta esse sono propriamente istoriate come nelle cattedrali romaniche o gotiche, ma in genere il loro racconto è nel semplice fatto di essere disposte in un modo piuttosto che in un altro a comporre case, templi, luoghi pubblici e intere città, in cui v'è la bravura dell'architetto, la tecnica del costruttore, la ricerca della bellezza...

L'archeologia poggiando epistemologicamente su questo principio deduce il vissuto di donne e uomini del passato, ma "l'ascolto delle pietre" è operazione sapienziale che inerisce anche il presente e il futuro, per cui edificare una casa, un quartiere, una città ha implicanze identitarie sul piano personale e su quello comunitario per l'oggi e il domani: le pietre narrano un'identità e al tempo stesso la modellano.

Difficile dire se questo sia ancora criterio valido a valutare l'approccio contemporaneo all'architettura il più delle volte ripiegato su chiusure utilitaristiche, salvo, per paradosso, indicare nell'anonimato delle periferie delle nostre megalopoli il livellamento identitario in corso, tendente all'annullamento delle singolarità culturali. Più che di crisi d'identità esse allora sembrano narrare radicalmente la crisi dell'identità.

L'architettura cristiana ne ha riverberi amplificati per la naturale attitudine del linguaggio evangelico all'inculturazione e per il criterio iconico, teologico ed ecclesiologico, dello spazio della liturgia.

Ecclesiologa interprete dello spirito del Concilio Vaticano II, Cettina Militello ha analizzato diacronicamente il rapporto fra i luoghi liturgici della comunità cristiana e i modelli ecclesiologici in una monografia del 2006 dal titolo: *La casa del popolo di Dio. Modelli ecclesiologici modelli architettonici*. L'architettura delle chiese, scrive, è «immagine del mistero della Chiesa, popolo convocato dal Padre per Cristo nello

Spirito, il cui incedere nella storia anela al compimento celeste» e anche «immagine della coscienza che la Chiesa ha di sé»[1]. L'analisi di venticinque edifici ecclesiali, a cominciare dalla casa-chiesa di Dura Europos, è dunque colta nel rapporto costitutivo con l'ecclesiologia che vi soggiace, posto che per un verso la loro forma proviene da una determinata visione ed esperienza ecclesiale per altro verso la modella.

In tal senso la rinuncia a edificare chiese nei moderni quartieri delle nostre città è eloquente della crisi dell'identità presente in molte comunità cristiane, tanto quanto la moda di costruirle su progetti mutuati da altra tipologia di spazi sociali ovvero da arbitrarie deduzioni formali il più delle volte elusive delle eminenze liturgiche.

Mi muovo sul solco dell'intuizione dell'ecclesiologa, perfino nell'adattamento del titolo del suo scritto, ma portandone la suggestione sul versante letterario della rappresentazione di Gerusalemme e del suo tempio, talvolta interscambiabili per metonimia, nella letteratura veterotestamentaria, in quella peritestamentaria e in fine nella visione conclusiva dell'Apocalisse che dichiaratamente si pone come sintesi della rivelazione biblica alla luce dell'evento pasquale del Cristo Crocifisso Risorto.

Gerusalemme è la città più "immaginata" dell'antichità, quella, cioè più rappresentata in linguaggi figurati a livello letterario, e per queste presentazioni visionarie vale certamente l'assioma del rapporto tra forma e identità ecclesiale, intendendo quest'ultima in riferimento inclusivo al popolo di Dio nato dall'alleanza abramitica nelle sue millenarie diversificazioni spazio-temporali fino alle comunità cristiane. Tuttavia, posto che il filo rosso che unisce tali immagini è dato dalla collocazione in un contesto temporale futuro storico o metastorico rispetto alla prospettiva dell'iconografo e dalla connotazione acheropita della città e del suo tempio, il rapporto tra forma e identità si legge su ciò che la comunità dovrà essere, cioè propriamente come progetto ecclesiale che Dio stesso svela e realizza.

Le variazioni sul tema nel complesso costituiscono una sorta d'iconostasi, disposta diacronicamente su quattro dittici:

---

[1] C. MILITELLO, *La casa del popolo di Dio: modelli ecclesiologici modelli architettonici*, EDB, Bologna 2006, 6-7.

1. il fondamento profetico nelle immagini presentate da Ezechiele e dalle tradizioni isaiane,

2. la ripresa e la risignificazione dei dati originari in Tobia e nella tradizione enochica,

3. la città vista da Qumran nel Rotolo del tempio e nell'opera detta "Nuova Gerusalemme",

4. Gerusalemme oltre Gerusalemme: le differenti prospettive, giudaica e cristiana rispettivamente del 4 Esdra e dell'Apocalisse, successive alla definitiva distruzione del tempio nel 70 d.C.

Non propongo un'indagine accademica dei testi. L'intento è cogliere il portato teologico ed ecclesiologico delle immagini e dei loro codici espressivi da interpretare e risignificare profeticamente, posto che immaginare non significa fantasticare ma progettare e progettarsi. Perciò più che a risposte mi piace orientare queste poche pagine a una domanda: siamo ancora capaci di immaginare la nuova città di Dio e grazie ad essa di cogliere l'atto del progettare come tratto essenziale all'essere Chiesa?

PRIMO DITTICO: IL FONDAMENTO PROFETICO

1. Il "modulo" teologico di Ezechiele

Così com'è stato codificato in architettura "modulo" è termine che coincide con «la gamma di dimensioni armoniche alla scala umana, universalmente applicabile»[2]. Esso, dunque, è declinazione plastica della visione dell'uomo come microcosmo e, perciò, unità di misura del tutto e di ogni cosa. Ne sono espressioni le immagini della città ideale rinascimentale, in cui la proporzione dello spazio in rapporto all'uomo è criterio urbanistico e architettonico del ritmo e delle proporzioni, cioè, in sostanza, dell'organizzazione dello spazio.

Quando però è Dio a costruire la sua città le cose vanno in ben altro senso, posto che solo per condiscendenza Egli abita con gli uomini[3].

In realtà ben prima delle città ideali umane, rinascimentali o greche che siano, storicamente vi sono quelle teologiche di Ezechiele e di Isaia, differenti eppure convergenti nelle traduzioni apocalittiche successive.

Nella visione posta a conclusione del libro di Ezechiele, il carattere più evidente è la presentazione dell'architettura attraverso la misurazione. A dire il vero essa si riferisce in prima battuta e in maniera amplissima al tempio e per complemento all'intero territorio della terra affidata a Israele in cui è collocata Gerusalemme. L'idealizzazione è tutta nella ripetitività della geometria, cioè del rilievo degli edifici e della suddivisione del paese fra le tribù. La misurazione è condotta sulle dimensioni orizzontali, per cui correttamente L. Alonso-Schökel osserva che: «l'architetto è più attento alla pianta che all'elevazione dell'edificio»[4].

La narrazione di Ez 40-48, composta nell'esilio babilonese, è in contrappunto con quella del tempio profanato presente ai capitoli 8-11, ove è detto di Ezechiele che,

---

2 W. BOESIGER, *Le Corbusier*, Zanichelli, Bologna 1983, 86.
3 Tuttavia nelle città ideali rinascimentali v'è pure l'eccezione, costituita dall'iperbole urbanistica di Filarete.
4 L. ALONSO SCHÖKEL - J.L. SICRE DIAZ, *I profeti*, Borla, Roma 1996[3], 942.

trasferito da Babilonia a Gerusalemme, costata e descrive ciò che vi accade. Nella parte conclusiva del racconto gli interventi parlati e le descrizioni sono concentrati in due blocchi, rispettivamente Ez 11,2-21 e Ez 11,22-25. Nel primo caso si tratta dell'incarico specifico di profetizzare in conseguenza alla visione, mentre nel secondo è descritta la partenza della Gloria di Dio dal tempio. La visione della profanazione del tempio si evolve nell'incarico affidato a Ezechiele di denunciare il peccato d'Israele.

L'introduzione della grande visione conclusiva del libro, invece, è affidata a una figura angelica che avrà il compito di presentare progressivamente la rivelazione. Netta è la distinzione del racconto in due parti: Ez 40-43 sono dedicati al tempio in cui entra e rimane il *Kabod*, mentre Ez 45-48 sono centrati sulle norme rituali conseguenti, con il capitolo di mezzo che fa da cerniera notificando la chiusura della porta esterna da cui la Gloria è entrata nel tempio (cf. Ez 44,1-4) e introducendo l'enunciazione dei precetti divini (cf. Ez 44,5ss.). È all'interno della seconda sezione del racconto che è presentata la suddivisione del paese in zona "sacra" e in zona profana.

Se prima il profeta era traslato presso il santuario storico di Sion, ora dalla mano del Signore è trasportato in un luogo più letterario che geografico[5].

Al decimo giorno del primo mese del venticinquesimo anno dalla deportazione in Babilonia[6], Ezechiele è condotto nuovamente nel paese d'Israele, su un "monte

[5] Ez 40,1 (TM): הָיְתָה עָלַי יַד־יְהוָה; Ez 40,1 (LXX): ἐγένετο ἐπ' ἐμὲ χεὶρ κυρίου: «La mano del Signore si posò sopra di me». L'immagine della mano divina che si posa sul profeta torna a più riprese nel libro di Ezechiele, cf. Ez 3,22; 8,1; 37,1 e ha analoghi in 1 Re 18,46; 2 Re 3,15 a indicare l'iniziativa divina nella rivelazione e la situazione conseguente nel destinatario. Per un approfondimento sulla questione, cf. J. BLENKINSOPP, *Ezechiele*, Claudiana, Torino 2006, 215; R. FORNARA, *La visione contraddetta. La dialettica fra visibilità e non-visibilità divina nella Bibbia ebraica*, Editrice Pontificio Istituto Biblico, Roma 2004, 154; M. GREENBERG, *Ezechiel 1-20*, Doubleday, Garden City 1983, 41-42; W. ZIMMERLI, *Ezechiel*, I, Fortress Press, Philadelphia 1979, 49-50. J.J.M. Roberts ritiene che: «The development of the peculiarity prophetic use of the expression "hand of Yahweh" is dependent on a similarity between the prophetic phenomenon designated by the expression and certain symptoms of pathological nature», *The Hand of Yahweh*, in «VT» 21 (1971) 244-251.251. Non ne sono convinto, limitandomi a intravedere un'espressione tecnica stereotipata che non implica necessariamente questo genere di conseguenze.

altissimo" (אֶל־הַר גָּבֹהַּ מְאֹד), codificazione teofanica del contesto della manifestazione divina già nei racconti esodali delle rivelazioni a Mosè[7].

Da lì il profeta vede כְּמִבְנֵה־עִיר, lett.: «come una città edificata[8]». L'uso del paragone è un *leitmotiv* ricorrente in tutto il libro quando è descritta una visione, stratagemma letterario per veicolare l'idea dell'ineffabilità di ciò che Dio svela agli occhi del profeta. L'impatto della rivelazione sul veggente e sul destinatario del racconto in tal modo è smorzato perché sia chiaro che quanto è descritto appartiene a un altro ambito rispetto a quello spazio-temporale di chi narra e di chi ascolta.

Presso la porta Ezechiele scorge l'Angelo che gli farà da guida nella visita del luogo. La visione del profeta riguarda letteralmente un אִישׁ, "qualcuno", che, per il suo aspetto e per le dinamiche relazionali attivate con il narratore, ha caratteristiche sia trascendenti sia umane adatte alla funzione di mediatore. Torna l'uso del paragone per indicarne l'aspetto simile al bronzo, elemento che si ripete in varie angelofanie bibliche e apocrife, mentre a seguire ne è detta la peculiarità: egli tiene nella mano una corda di lino e una canna per misurare (cf. Ez 40,3). È un "Angelo geometra" che, dopo aver rivolto al profeta l'invito a prestare attenzione con gli occhi e con l'orecchio a quanto gli sarà svelato (cf. Ez 40,4)[9], inizia ad assolvere la sua mansione di guida nella visita del paese, della città e del tempio. Egli, perciò, mostra misurando.

Il tempio appare come un grande quadrato di cinquecento cubiti che nella sua parte occidentale ha l'edificio più sacro, il Santo dei Santi. Le enormi proporzioni e l'insistenza sulla loro misurazione sono affermazioni chiarissime dell'origine divina della città e del tempio: «per un'opera del genere non c'è al mondo architetto in grado di eseguirla», nota correttamente Walther Eichrodt[10]. Siamo davanti a un elemento

---

[6] Dovrebbe essere il mese di Nisan del 573, cf. W. EICHRODT, *Ezechiele*, Paideia, Brescia 2001, 661.

[7] La LXX rende il lemma di Ez 40,2 con ἐπ' ὄρους ὑψηλοῦ σφόδρα, che è richiamato nelle narrazioni sinottiche della trasfigurazione.

[8] Il participio potrebbe essere reso con l'idea di contemporaneità alla visione: «si stava edificando».

[9] Se ne ricavano immediatamente le due dimensioni di visione e di parola che struttureranno la rivelazione e sommariamente anche le due parti del racconto.

[10] *Ib.*, 663.

che determinerà la nascita di un vero e proprio *cliché* nelle immagini della città santa futura.

La descrizione procede dall'esterno all'interno. Si fa riferimento alle porte (cf. Ez 40,5-37), agli scannatoi (cf. Ez 40,38-43), alle celle per i sacerdoti (cf. Ez 40,44-46), al cortile interno, all'atrio e al santuario vero e proprio (cf. Ez 40.47-41,15) con il suo arredo (cf. Ez 41,16-26), mentre l'intero capitolo 42 insiste sulle dimensioni complessive dell'area del tempio e il capitolo 43 descrive l'ingresso della Gloria al suo interno.

Nel dettaglio la presentazione comincia con le mura (cf. Ez 40,5). L'Angelo ne rileva le dimensioni, quelle generali e quelle delle tre porte, l'orientale, la settentrionale e la meridionale (cf. Ez 40,20-23. 24-27), da cui infine entra nell'atrio interno, un quadrato di cento cubiti per lato. A seguire è descritto il vestibolo (cf. Ez 40,48) da cui si accede alla navata del tempio.

Anche la descrizione del Santo dei Santi prende avvio dall'esterno, cioè dalle mura su cui è collocata la raffigurazione di cherubini a due volti, uno umano l'altro leonino, alternata con quella di rami di palma. Davanti al santuario è collocato l'altare di legno. Infine si parla della porta a due battenti, con cherubini e palme, che consente l'accesso alla parte interna. Su di essa una pensilina ornata allo stesso modo. A seguire la descrizione si concentra sulle parti settentrionale e orientale del tempio.

Quando Ezechiele è condotto nell'atrio interno per vedere la Gloria divina riempire il santuario e udire la voce potente di YHWH, la narrazione è intrisa di un profondo senso di *tremendum*, tanto che il profeta cade con la faccia a terra (cf. Ez 43,4). Lo si è voluto intendere come gesto di adorazione[11], ma sono convinto si tratti piuttosto di un altro *cliché* teofanico, questo come risvolto antropologico del manifestarsi di Dio giacché nessuno può vedere Dio e restare vivo...

Se l'abbandono del santuario terreno da parte del *Kabod* aveva sancito la rottura dell'alleanza fra YHWH e il suo popolo, il suo ingresso nel tempio celeste dalla porta

[11] Cf. L. ALONSO SCHÖKEL - J.L. SICRE DIAZ, *I profeti*, 952.

orientale corrisponde alla restaurazione del patto e del culto che ne è espressione eminente.

Una volta che la Gloria è entrata nel santuario, però, la porta si chiude (cf. Ez 44,1), solo Ezechiele potrà accedervi per contemplare la presenza di Dio, cadendo nuovamente sulla "sua faccia".

Da questo punto del racconto la parola prende il posto della visione e contiene la legislazione cultuale del nuovo tempio. La sezione è introdotta da una ripresa dell'intervento iniziale dell'Angelo da parte dello stesso YHWH.

La legislazione si incentra sul rispetto della santità di YHWH e del luogo in cui Egli abita. Per questa ragione anche la seconda parte della visione contiene elementi descrittivi che, però, si riferiscono all'intera regione in cui è idealmente rappresentata la terra nuovamente promessa.

Ezechiele immagina il paese diviso in tredici strisce di territorio uguali e parallele, di cui dodici sono assegnate alle tribù d'Israele mentre la tredicesima è la תְּרוּמָה, cioè la parte del territorio offerta al Signore, lunga venticinquemila cubiti e larga diecimila (cf. Ez 45,1; 48,9)[12] assegnata per metà ai sacerdoti e per metà ai leviti. Nella zona consegnata ai primi si trova il tempio[13], circondato da una zona libera (מִגְרָשׁ). Parallelamente al territorio sacro si trova quello profano lungo venticinquemila cubiti e largo cinquemila (cf. Ez 45,6; 48,15), al centro del quale (בְּתוֹכוֹ) è edificata la città, anch'essa di pianta quadrata con ciascun lato lungo quattromilacinquecento cubiti e separata dallo spazio circostante. Sulle sue mura si aprono dodici porte recanti i nomi dei capotribù d'Israele (cf. Ez 48,15-17).

La separazione della città è corrispettivo visivo dell'ambito semantico della santità, su cui si struttura la teologia del libro che Ezechiele, infatti, centra sulla santità del Nome divino.

YHWH è il Dio dal "Nome Santo" (cf. Ez 20,9.14.22.39.44; 36,20.21.22.23; 39,7.25; 43,7.8), in sé ossimoro teologico già contenuto nella teofania al roveto, ove

---

[12] Le misure sono quelle del TM.

[13] G.A. Cooke ne tenta una ricostruzione visiva, cf. *The Book of Ezekiel. A Critical and Exegetical Commentary*, T & T Clark, Edinburgh 1985, 532.

Dio di fatto si presenta con un non-nome: וַיֹּאמֶר אֱלֹהִים אֶל־מֹשֶׁה אֶהְיֶה אֲשֶׁר אֶהְיֶה: «Disse Dio a Mosè: "Sono chi sono"» (Es 3,14)[14]. Col tempo ne sarà ricaduta antropologica l'impronunziabilità della *sacra tetractis*.

In Ezechiele il lemma שֵׁם קָדְשִׁי è il modo in cui può essere chiamato il Dio ineffabile d'Israele, traduzione del Nome non-nome consegnato a Israele sul Sinai[15]. Così la grande visione di Ez 40-48 si chiude sul nome della città, in esito speculare della questione ecclesiologica rispetto a quella teologica.

Il tema affiora a più riprese[16] fino a che in Ez 43,8b compare plasticamente legato alla mancanza di separazione fra il tempio e le case private:

בְּתִתָּם סִפָּם אֶת־סִפִּי וּמְזוּזָתָם אֵצֶל מְזוּזָתִי

וְהַקִּיר בֵּינִי וּבֵינֵיהֶם וְטִמְּאוּ אֶת־שֵׁם קָדְשִׁי בְּתוֹעֲבוֹתָם

אֲשֶׁר עָשׂוּ וָאֲכַל אֹתָם בְּאַפִּי

«Quando mettevano la loro soglia accanto alla mia e i loro stipiti vicini ai miei, con una semplice parete tra me e loro e macchiando d'impurità il mio santo Nome con le abominazioni che hanno commesso, cosicché li consumai nella mia ira».

È sulla traduzione in termini cultuali del peccato del popolo, perciò d'impurità e perfino di architettoniche strutture addossate al santuario, che Ezechiele ha rintracciato la motivazione dell'esperienza dell'esilio.

---

[14] Su Es 3,14 le interpretazioni sono molteplici e la bibliografia è sterminata ma non è questo il luogo per occuparsene nel dettaglio. Una sintesi delle posizioni e degli studi più rilevanti si trova in B. S. CHILDS, *Il libro dell'Esodo. Commentario critico-teologico*, Piemme, Asti 1995, 76-80.

[15] La rilettura delle tradizioni esodali abbonda in questa visione conclusiva del libro di Ezechiele, sulla linea del ritorno in patria come nuovo esodo per ritrovare l'unità con Dio e l'identità nazionale nel ricupero del territorio un tempo posseduto. In tal senso collocherei il riferimento teologico al Nome sulla linea contestuale del nuovo tempio, del nuovo paese e della nuova legislazione cultuale. Il tema del Nome santo di YHWH, d'altra parte, è elemento che Ezechiele condivide con il Codice di Santità ed è da mettere in riferimento agli ambienti sacerdotali cui il profeta appartiene, cf. O. PROCKSCH, ἅγιος, in GLNT, I, Paideia, Brescia 1965, 234-310, 242.

[16] Sul tema si ha evoluzione dal negativo, cioè dalla denuncia della profanazione del Nome santo di Dio da parte del popolo in Ez 36,20ss. Questa, però, è il preludio all'azione escatologica con cui YHWH cancellerà ritualmente il peccato del suo popolo, cf. Ez 36,25. In sostanza, alla profanazione del Nome santo di YHWH corrisponde l'azione di Dio di aspergere con acqua pura il suo popolo per purificarlo. Dunque, in realtà la profanazione del Nome ha determinato quella del popolo, che ora ha bisogno di essere ristabilito in uno stato di purità.

La denuncia qui è ormai collocata in Ez 43,7-8a all'interno dell'annunzio della riabilitazione legata all'affermazione divina che il tempio è il trono di YHWH, in cui il suo Nome santo non sarà più macchiato d'impurità dagli Israeliti:

כַּפּוֹת רַגְלַי אֲשֶׁר אֶשְׁכָּן־שָׁם בְּתוֹךְ בְּנֵי־יִשְׂרָאֵל לְעוֹלָם
וְלֹא יְטַמְּאוּ עוֹד בֵּית־יִשְׂרָאֵל שֵׁם קָדְשִׁי הֵמָּה וּמַלְכֵיהֶם
בִּזְנוּתָם וּבְפִגְרֵי מַלְכֵיהֶם בָּמוֹתָם

«Mi disse: "Figlio dell'uomo, questo è il luogo del mio trono, luogo delle piante dei miei piedi, dove io abiterò in mezzo ai figli d'Israele per sempre. La casa d'Israele non macchierà più d'impurità il mio santo Nome, insieme ai suoi re, con le loro prostituzioni e con i cadaveri dei loro re e le loro stele"».

Nel tempio riedificato da Dio al ritorno dalla cattività babilonese, idealizzato nella grande visione conclusiva del libro, al contempo sarà ristabilita la presenza della Gloria e affermata la santità-separazione di YHWH. La Gloria starà lì, ma inaccessibile. D'altra parte, però, la pretesa ipocrita del popolo peccatore di stare accanto al suo Dio tradito è superata dalla condiscendenza.

Permanendo la separazione fra il tempio e la città e quella fra la nuova città e il resto del paese, YHWH promette di porre la sua dimora "in mezzo ai figli d'Israele per sempre", evocando sul piano della definitività e della pienezza la duplice promessa pronunciata sulla costruzione del santuario mobile (cf. Es 29,45) e su quella del tempio salomonico (cf. 1 Re 6,13)[17].

Il paradosso annuncia una verità inoppugnabile: solo riconoscendo la Santità-alterità di Dio e quella conseguente della sua città, Israele potrà percepire il vero senso della sua elezione.

Pertanto, una volta manifestato il tempio acheropito e ristabiliti i criteri del culto autentico, anche la città potrà avere un nome nuovo: וְשֵׁם־הָעִיר מִיּוֹם יְהוָה שָׁמָּה: «E il nome della città da quel giorno sarà: YHWH è là» (Ez 48,35). Esso contiene la *sacra tetractis* legata all'avverbio di luogo che pare rinviare all'avvento del *Kabod* nel

[17] In entrambi i casi manca la determinazione temporale לְעוֹלָם, che qui si trova.

tempio, come a dire che Nome e Gloria sono espressioni, l'una verbale l'altra visiva, della presenza-alterità di YHWH.

La visione si muove fra storia e metastoria, fra paradigma della ricostituzione dell'identità d'Israele al suo ritorno nella terra promessa e annunzio della redenzione quale orizzonte dell'intera vicenda del popolo eletto, la cui autenticazione è il riconoscimento del paradosso teologico del Dio innominabile e separato che svela il suo Nome e viene ad abitare "in mezzo ai figli d'Israele".

Per custodire la presenza di YHWH e lo statuto identitario d'Israele il modulo del tempio, della città e dell'intero paese, dunque, non può essere umano ma deve essere propriamente teologico. Infrangendo criteri misurativi di un architetto umano, Dio edifica, armonizza e distribuisce lo spazio secondo il criterio della sua grandezza, per abitare in mezzo al suo popolo.

Le basi dell'escatologia apocalittica sono ormai poste.

2. La città luminosa di Isaia

La rappresentazione idealizzata di Gerusalemme nel secondo e nel terzo libro di Isaia è il punto apicale nel tema della riabilitazione del popolo dopo la cattività babilonese.

Nel Deuteroisaia la rappresentazione della città giunge quasi alla fine del libro, in una lunga pericope, Is 54,1-17, anticipata da due precedenti riferimenti a Gerusalemme in Is 49,14-26 e 51,17-52,12. La sequenza è interrotta dall'ultimo carme del Servo di YHWH.

Il movimento del brano è impostato su due tempi: i vv. 1-6 sono l'appello del profeta ovvero di YHWH alla città nella sua difficile situazione presente, i vv. 7-17 orientano lo sguardo al futuro con la promessa della restaurazione[18]. A unire le due sezioni v'è l'intreccio delle metafore materna e nuziale. L'attacco del brano è sulla maternità di Gerusalemme, anticipando la simbolica sponsale nel complesso più ampiamente espressa: רָנִּי עֲקָרָה לֹא יָלָדָה פִּצְחִי רִנָּה וְצַהֲלִי לֹא־חָלָה: «Rallegrati sterile che non hai partorito, prorompi in alte grida e rallegrati (tu) che non hai avuto doglie» (Is 54,1). Il riferimento progressivamente si volge al positivo e finalmente sfocia nella promessa dell'abbondanza di figli, al v. 13[19].

Anche la metafora sponsale si evolve dal negativo al positivo. Gerusalemme è una donna abbandonata (שׁוֹמֵמָה, Is 54,1) che vive in una situazione di vergogna e di disonore declinato sui temi della vedovanza (cf. Is 54,4) e del ripudio (cf. Is 54,6). In contrappunto v'è l'annuncio di una situazione nuova in cui YHWH promette di riprendersi la sua sposa per sempre.

---

[18] P.D. Hanson introduce il suo commento al brano citando il neologismo introdotto in architettura da Buckminster Fuller, *tensegrity*, conflazione di *tenseness* e *integrity*, indicante una situazione di tensione integrata, in cui elementi per se stessi differenti sono inseriti in una struttura unitaria e nel complesso si integrano armonicamente, cf. P.D. HANSON, *Isaia 40-66*, Claudiana, Torino 2006, 185. Mi piace vedere tale armonica integrazione di temi e di situazioni evocate dal testo nella rappresentazione della città, che invece è quasi del tutto trascurata nel commento.

[19] Nel finale, dunque, Gerusalemme ritrova la sua vocazione di madre-nutrice, cf. C. PELLISTRANDI, *Jérusalem, épuse er mère*, Les Éditions du Cerf, Paris 1989, 206.

La personificazione di Gerusalemme si sovrappone a più riprese con l'immaginario urbano, cosicché in Is 54,11-14 il profeta poeta inserisce una breve *descriptio* della nuova città:

עֲנִיָּה סֹעֲרָה לֹא נֻחָמָה הִנֵּה אָנֹכִי מַרְבִּיץ בַּפּוּךְ אֲבָנַיִךְ
וִיסַדְתִּיךְ בַּסַּפִּירִים
וְשַׂמְתִּי כַּדְכֹד שִׁמְשֹׁתַיִךְ וּשְׁעָרַיִךְ לְאַבְנֵי אֶקְדָּח
וְכָל־גְּבוּלֵךְ לְאַבְנֵי־חֵפֶץ
וְכָל־בָּנַיִךְ לִמּוּדֵי יְהוָה וְרַב שְׁלוֹם בָּנָיִךְ
בִּצְדָקָה תִּכּוֹנָנִי רַחֲקִי מֵעֹשֶׁק כִּי־לֹא תִירָאִי וּמִמְּחִתָּה כִּי
לֹא־תִקְרַב אֵלָיִךְ

«Afflitta, battuta dalla tempesta, non consolata, ecco io sto disponendo la tua malta, le tue pietre e ti fonderò sugli zaffiri. Porrò sopra le tue merlature pietre preziose, le tue porte saranno di pietre di berillo e tutte le tue mura saranno di pietre pregiate. Tutti i tuoi figli saranno discepoli del Signore e grande sarà la pace dei tuoi figli. Nella giustizia sarai stabilita. Allontanati dall'oppressione perché non dovrai temere e dal terrore perché non ti si avvicinerà».

L'opposizione fra la situazione attuale negativa e quella promessa positiva su cui si è andato strutturando l'immaginario femminile, dunque, regge anche quello urbano, di fatti Gerusalemme prima desolata e devastata dal turbine appare ora edificata in tutta la sua iperbolica bellezza. Il divino Architetto è esperto selezionatore e abile scultore di pietre pregiatissime, di colori cangianti: descritta prima dal basso poi dall'alto, la città avrà di materiali preziosi fondamenta e merlatura, porte e mura, suscitando l'impressione visiva di luminosissimo splendore.

In ulteriore effetto dissolvenza, si passa dalla metafora al suo significato ecclesiale. L'esito della presentazione, infatti, è espresso nella convivenza pacifica degli abitanti della città e nel riferimento alla giustizia come suo fondamento, immagine dalle implicanze al tempo stesso etiche, sociali, politiche.

Il terzo Isaia rielabora il tema in Is 60,1-22 e 61,10-62,12 in prosecuzione alla promessa dell'intervento salvifico rivolto a Israele, formulata in Is 59[20]. Anche qui, dunque, la ricostruzione della città è espressione visiva della riabilitazione del popolo dopo l'esperienza dell'esilio babinonese.

Nel primo brano è YHWH a parlare direttamente a Gerusalemme. Il testo è stato al centro di questioni fra i commentatori che insistono sulla sua complessa stratificazione[21] e, in particolare, sull'ipotesi che il v. 12 sia un'interpolazione in tono polemico e nazionalistico. Brevard Childs in nome della sua valorizzazione della sincronia ha rigettato del tutto questi tentativi, concentrandosi sulla struttura della pericope da lui ritenuta tripartita: i vv. 1-9, Sion sollecitata a salutare la venuta di Dio; i vv. 10-16, il ribaltamento del destino della città; i vv. 17-22, la trasformazione della città e del suo popolo[22].

A me pare che fondamentalmente il brano sia imbastito sull'arco temporale di un giorno che sorge ma non tramonta e di cui già nell'*incipit* si dà interpretazione teologica. Il v. 1 annuncia: בָּא אוֹרֵךְ וּכְבוֹד יְהוָה עָלַיִךְ זָרָח: «Viene la tua luce e la Gloria del Signore sorge su di te», mentre, in contrappunto con la luce naturale del sole e della luna che hanno perso ormai la loro funzione al termine del brano v'è l'esplicita menzione di YHWH come luce: יְהוָה לְאוֹר עוֹלָם: «Il Signore come luce per sempre» (v. 19) e ancora כִּי יְהוָה יִהְיֶה־לָּךְ לְאוֹר עוֹלָם: «Perché il Signore sarà per te come luce, per sempre» (v. 20).

I popoli stranieri che giacciono nelle tenebre (cf. v. 2) accorreranno verso la città "illuminata" da Dio-Luce e perciò a sua volta "luminosa", in un pellegrinaggio di omaggio universale[23] che ha tutto il sapore della sottomissione morale più che politica dei pagani al popolo eletto.

---

[20] Cf. B. CHILDS, *Isaia*, Queriniana, Brescia 2005, 537.

[21] O.H. Steck, ad esempio, ha individuato lo strato originario nei vv. 1-9.13-16, ampliato prima con i vv. 16-17 e successivamente con i vv. 18-22, cf. *Der Grundtext in Iesaja 60 und Sein Aufbau*, in «ZTK» 83 (1986) 261-296.

[22] Cf. B. CHILDS, *Isaia*, 539.

[23] Il tema del pellegrinaggio è presente dal v. 3 al v. 9.

In tutto ciò acquista particolare rilievo l'accenno alla ricostruzione di Gerusalemme ai vv. 10-11:

וּבָנוּ בְנֵי־נֵכָר חֹמֹתַיִךְ וּמַלְכֵיהֶם יְשָׁרְתוּנֶךְ כִּי בְקִצְפִּי
הִכִּיתִיךְ וּבִרְצוֹנִי רִחַמְתִּיךְ
וּפִתְּחוּ שְׁעָרַיִךְ תָּמִיד יוֹמָם וָלַיְלָה לֹא יִסָּגֵרוּ לְהָבִיא
אֵלַיִךְ חֵיל גּוֹיִם וּמַלְכֵיהֶם נְהוּגִים

«Stranieri ricostruiranno le tue mura e i loro re ti serviranno, perché nella mia ira ti ho colpito, ma nel mio favore ti ho usato misericordia. Saranno aperte le tue porte sempre, giorno e notte non saranno chiuse per far entrare in te la potenza dei popoli e i loro re come guide».

La brevissima *descriptio* è lo snodo del brano perché posta in prosecuzione dei versetti precedenti e in premessa a quelli successivi.

Le architetture della città di cui si fa menzione sono mura e porte. Le une saranno ricostruite dagli stranieri, le altre rimarranno perpetuamente aperte per garantire l'accesso continuo degli eserciti capitanati dai re per sottomettersi a Israele. La prospettiva nazionalista è marcata.

Del pellegrinaggio si dà contezza fino almeno al v. 14, ove finalmente Gerusalemme è detta: עִיר יְהוָה צִיּוֹן קְדוֹשׁ יִשְׂרָאֵל: «città del Signore, Sion del Santo d'Israele».

Tema rilevante in Isaia, era già annunziato proletticamente all'inizio del libro, in Is 1,26: יִקָּרֵא לָךְ עִיר הַצֶּדֶק קִרְיָה נֶאֱמָנָה: «Sarai chiamata: città della giustizia, città fedele (o affidabile)», e di ritorno presentato in Is 62,4 specificato in senso nuziale, come si dirà. Qui se ne ha declinazione sul piano dell'appartenenza di Gerusalemme a YHWH (si guardi la ripetizione dello stato costrutto) ma è dato convergente con la prospettiva nazionalista del brano.

La seconda parte della profezia sulla città, Is 61,10-62,12, oltre al riferimento nuziale già evocato ha quello materno. Il tema centrale è l'annunzio degli sponsali regali di YHWH con Gerusalemme, che però è dato all'interno di un passo, Is 62,5, di difficilissima interpretazione:

כִּי־יִבְעַל בָּחוּר בְּתוּלָה יִבְעָלוּךְ בָּנָיִךְ וּמְשׂוֹשׂ חָתָן
עַל־כַּלָּה יָשִׂישׂ עָלַיִךְ אֱלֹהָיִךְ

«Sì, come un giovane sposa una vergine, così ti sposeranno i tuoi figli; come gioisce lo sposo della sua sposa, così il tuo Dio gioirà di te».

Il lemma יִבְעָלוּךְ בָּנָיִךְ sembrerebbe estendere l'immagine nuziale ai figli della stessa Sposa-città e di primo acchito la sovrapposizione si oppone al senso naturale delle realtà cui distintamente rimandano[24]. Per superare la difficoltà, i censori del testo hanno suggerito di leggere בָּנָיִךְ come participio attivo di בנה: «Ti sposerà il tuo costruttore»[25], mentre nella LXX il riferimento ai figli è stato letto in rapporto al verbo κατοικέω: κατοικήσουσιν οἱ υἱοί σου μετὰ σου: «Abiteranno con te i tuoi figli».

In entrambi i casi, però, si perde l'effetto dissolvenza fra l'immagine di Gerusalemme sposa e quella di Gerusalemme madre, che spinge al massimo il potenziale delle due simboliche relazionali. Invece mantenendo il testo si ha l'evidenza che a caratterizzare la riabilitazione della città e dell'intero popolo sarà la comunione strettissima sulla linea verticale, con YHWH, e su quella orizzontale dei rapporti sociali ovvero propriamente ecclesiali.

Tornano all'interno di questo tema i richiami architettonici alle mura della città, al v. 6, su cui il Signore ha posto sentinelle a difesa, mentre al v. 10 si ritrovano i riferimenti alle porte da cui ora entra l'intero popolo. Qui, in ulteriore effetto dissolvenza, l'immagine diventa espressamente ecclesiologica, fino alla sequenza di titoli del v. 12:

וְקָרְאוּ לָהֶם עַם־הַקֹּדֶשׁ גְּאוּלֵי יְהוָה וְלָךְ יִקָּרֵא דְרוּשָׁה עִיר לֹא נֶעֱזָבָה

«Li chiameranno popolo santo (o popolo del Santo), redenti del Signore, e tu sarai chiamata ricercata, città non abbandonata».

---

[24] Me ne sono occupato analiticamente in *La Partoriente-Sposa in Apocalisse come "simbolo" di identificazione ecclesiale*, in «HoTh» 36/2 (2018) 163-198.175.
[25] Cf. L. Alonso Schökel - J.L. Sicre Diaz, *I profeti*, 424.

Il sintagma עַם־הַקֹּדֶשׁ può intendersi come genitivo di qualità, “popolo santo”, oppure, in senso più letterale in relazione all’appartenenza d’Israele al Santo, in una sorta di denominazione speculare a quella teologica di “Santo d’Israele”. Mi pare ci si debba orientare a un’interpretazione inclusiva.

A seguire il testo sviluppa l’intera simbologia in senso etico: nella città del Santo non può entrare nessuno che si trovi in condizione d’impurità, a richiamare, a me pare, l’analoga contrapposizione di Is 6, testo madre della teologia isaiana.

Accomuna e distingue al tempo stesso le rappresentazioni della città nel secondo e terzo Isaia l’idea del movimento verso di essa.

Nella visione deuteroisaiana il cammino verso Gerusalemme è quello d’Israele che deve intraprendere un nuovo esodo, segno plastico dell’azione redentiva di YHWH per Israele. L’ecclesiologia di Is 40-55 è nel complesso centrata sulla necessità di ricostruire l’identità nazionale, ritrovando in maniera nuova l’evento genetico della storia del popolo eletto nella riappropriazione di Gerusalemme. Non si tratta, però, dell’azzeramento dell’esperienza babilonese. L’esito del nuovo esodo promesso da YHWH, liberatore e redentore, è l’ingresso in una città nuova, fatta da Dio e non dagli uomini, posto che la *descriptio* in Is 54,11-14 è interamente espressa al futuro in prima persona. Semplicemente Dio rifonda la città e vi fa ritornare il suo popolo. Nel complesso l’assenza di riferimenti a un atteggiamento di pentimento e di penitenza da parte del popolo pone l’intera profezia del poeta isaiano sotto la luce della grazia divina.

Nel Tritoisaia, invece, il cammino verso Gerusalemme è quello delle nazioni. Israele ormai pare dimorare al sicuro fra le mura della città, ben custodite dalle sentinelle divine, ma in uno sviluppo tematico che implica l’invito al superamento della pura materialità della ricostruzione. A me pare riflessione che prende avvio dal disincanto per la situazione problematica in cui versa il paese, tutt’altro che conforme alla visione idilliaca deuteroisaiana. Coerentemente a questo dato, la sovrapposizione fra l’immaginario urbano e quello femminile provoca di fatto un invito al recupero della dimensione relazionale fra Israele e il suo Dio, di cui è fondamento il riconoscimento che Israele appartiene a YHWH ed è il popolo del Santo, e di quella comunitaria *ad intra*.

Invece, la risoluzione del rapporto con le nazioni non è ancora maturata in una dimensione di reciprocità dialogica. A più voci nel periodo post-esilico permane in termini critici il dibattito del senso d'Israele nella storia dei popoli e per il Terzo Isaia, sebbene vi convergano i pagani, Gerusalemme non è ancora di tutti. Su questa linea si sacrifica l'idea della città non fatta da mano d'uomo per dire che le sue mura sono riedificate dagli stranieri. Così l'apertura perpetua delle porte è unicamente destinata a veicolare l'idea della sottomissione delle nazioni al "popolo del Santo", che permane nella sua separazione/alterità.

Che la luce della città illuminata, su questo punto, appaia offuscata?

SECONDO DITTICO: RIPRESA E RISIGNIFICAZIONE

3. La città della gioia nel libro di Tobia

Intrisi di profondi sentimenti di amore o di nostalgia per la lontananza, diversi salmi declamano la bellezza di Gerusalemme o, all'opposto, ne narrano la decadenza. Con meraviglia, con timore per la sua sorte, con speranza si canta alla città santa. Il legame d'Israele con Gerusalemme, infatti, è appassionato, più centrato sul cuore che sulla testa e per la città di YHWH gli agiografi hanno scritto alcune fra le più alte pagine della poesia biblica.

Un'intera sezione del Salterio è dedicata all'ascensione verso il tempio, cui il pellegrino deve volgere costantemente il pensiero. Nel Sal 122[26] la gioia all'ascolto della parola che incita a iniziare il cammino: שָׂמַחְתִּי בְּאֹמְרִים לִי בֵּית יְהוָה נֵלֵךְ: «Ho esultato[27] quando mi dissero: "Andiamo alla casa del Signore"» anticipa la meraviglia di trovarsi davanti alle porte di Gerusalemme: עֹמְדוֹת הָיוּ רַגְלֵינוּ בִּשְׁעָרַיִךְ יְרוּשָׁלִָם: «Già i nostri piedi si fermano alle tue porte, Gerusalemme» e di vederla ergersi in tutta la sua maestosità: יְרוּשָׁלִַם הַבְּנוּיָה כְּעִיר שֶׁחֻבְּרָה־לָּהּ יַחְדָּו: «Gerusalemme è costruita come città che è tutta compatta in se stessa»[28].

[26] Sarebbe questo l'unico dei salmi di pellegrinaggio a essere pervenuto completo, cf. L. SEMBRANO, *Gerusalemme: città-sposa e sposa-città. L'inesauribile forza di un simbolo di eternità*, in A. CASALEGNO (ed.) *Tempo ed eternità. In dialogo con Ugo Vanni S.J.*, Edizioni San Paolo, Cinisello Balsamo 2002, 129-140.134.

[27] La LXX ha il verbo εὐφράνθην. L'idea che ne è trasmessa è quella di un sobbalzo di gioia nel momento in cui il pellegrino già pronto per intraprendere il cammino verso la città santa, ode la guida pronunciare le parole con cui prende avvio il pellegrinaggio.

[28] Il primo impatto di Gerusalemme sul pellegrino è quello dell'unità di tutte le sue parti edificate. Ne ho trovato antica ed efficace spiegazione: «I pellegrini ammirano la compattezza delle costruzioni accavallantisi le une sulle altre, e come rinserrate dalle mura», M. SALES, *Il Vecchio Testamento. Il libro dei Salmi*, V, L.I.C.E., Torino 1934, 325.

Perciò la città è oggetto di voti affinché, secondo il suo stesso nome, le sia data pace duratura: שַׁאֲלוּ שְׁלוֹם יְרוּשָׁלָ͏ִם: «Domandate la pace di Gerusalemme» e ancora: יְהִי־שָׁלוֹם בְּחֵילֵךְ: «Ci sia pace fra le tue mura»[29].

Invece nel Sal 79,1, durante l'umiliante esperienza della deportazione in Babilonia, il popolo preso dalla nostalgia e dalla *pietas* ne piange la desolazione: אֱלֹהִים בָּאוּ גוֹיִם בְּנַחֲלָתֶךָ טִמְּאוּ אֶת־הֵיכַל קָדְשֶׁךָ שָׂמוּ אֶת־יְרוּשָׁלַ͏ִם לְעִיִּים: «O Dio i popoli sono entrati nella tua eredità, hanno profanato il tuo tempio santo, hanno ridotto Gerusalemme a un mucchio di rovine».

A chiusura del Salterio è finalmente cantata la speranza di rivedere la città riabilitata, quale luogo di raccolta del popolo: בּוֹנֵה יְרוּשָׁלַ͏ִם יְהוָה נִדְחֵי יִשְׂרָאֵל יְכַנֵּס: «Il Signore sta ricostruendo Gerusalemme, raccoglie i dispersi d'Israele» (Sal 147,2).

Anche la vicenda narrata nel libro di Tobia è sigillata da un lungo cantico, definito all'inizio del capitolo 14 che lo chiude οἱ λόγοι τῆς ἐξομολογήσεως Τωβιθ: «le parole di lode di Tobi», secondo la versione sinaitica, mentre quella del Codice Vaticano riporta καὶ ἐπαύσατο ἐξομολογούμενος Τωβιτ, lett.: «E Tobi smise di parlare benedicendo», intendendo che concluse la sua lode a Dio[30].

Lo stile è quello dei salmi di ringraziamento. Tobi, un ebreo deportato a Ninive, lo canta al termine della lunga vicenda che l'ha visto protagonista insieme al figlio Tobia e a Sara, la figlia di un certo Raguele.

La trama del racconto è impostata su due distinti problemi che attanagliano Tobi e la giovane abitante di Ecbatana di Media: la cecità di lui, causata dal guano di un uccello, e l'impossibilità di generare di lei, determinata dalla morte di tutti gli uomini che la prendono in sposa. La lontananza geografica e culturale fra i due è superata

[29] L'augurio della pace è in evidente assonanza con il nome della città, cf. T. LORENZIN, *I Salmi*, Edizioni Paoline, Milano 2001, 481.

[30] Com'è noto il libro di Tobia ci è giunto per intero in lingua greca ma in due differenti versioni, una breve, contenuta nei codici Vaticano e Alessandrino, e una lunga che ci è pervenuta nel codice Sinaitico. È giunta a noi anche una versione mista che contiene unicamente Tob 6,9-12,22 e che, dunque, non riporta il passo in questione. Per un'indagine sull'attendibilità delle tre forme del testo, cf. J. VILCHEZ LINDEZ, *Tobia e Giuditta*, Borla, Roma 2004, 11-14. Frammenti aramaici ed ebraici del libro sono stati rinvenuti a Qumran, riaprendo la questione della lingua originale del racconto.

dall'intervento provvidenziale di Dio tramite il suo angelo Raffaele che indica a Tobia il modo per ridare la vista al padre e lo fa incontrare con Sara, determinando le condizioni per le loro nozze. Tob 3,16-17a annunzia proletticamente la risoluzione dei due nodi del racconto: Καὶ εἰσηκούσθη ἡ προσευχὴ ἀμφοτέρων ἐνώπιον τῆς δόξης τοῦ μεγάλου Ραφαηλ καὶ ἀπεστάλη ἰάσασθαι τοὺς δύο τοῦ Τωβιτ λεπίσαι τὰ λευκώματα καὶ Σαρραν τὴν τοῦ Ραγουηλ δοῦναι Τωβια τῷ υἱῷ Τωβιτ γυναῖκα καὶ δῆσαι Ασμοδαυν τὸ πονηρὸν δαιμόνιον: «La preghiera di entrambi fu accolta davanti alla gloria del grande Raffaele, (il quale) fu mandato per guarire i due: per rimuovere le macchie di Tobi e per dare Sara di Raguele in moglie a Tobia, figlio di Tobi, legando il malvagio demonio Asmodeo».

Solo alla fine i protagonisti conosceranno l'identità dell'Angelo, in un complesso episodio che include l'esplicita autorivelazione di Raffaele e i suoi ripetuti inviti a indirizzare il ringraziamento a Dio: τὸν δὲ θεὸν εὐλογεῖτε εἰς τὸν αἰῶνα: «Benedite Dio nei secoli» (Tob 12,17); εὐλογεῖτε αὐτὸν εἰς τὸν αἰῶνα: «Beneditelo nei secoli» (Tob 12,18); καὶ νῦν ἐξομολογεῖσθε τῷ θεῷ: «E ora rendete grazie a Dio» (Tob 12,20). Il verbo ἐξομολογέω si pone in inclusione con Tob 14,1, configurando in maniera netta la delimitazione della pericope del capitolo tredicesimo. D'altra parte i tre inviti angelici alla lode preparano la lunga dossologia dal sapore escatologico[31] che Tobi pronuncia εἰς ἀγαλλίασιν: «nell'esultanza» (Tob 13,1).

Il ringraziamento a Dio provvidente e salvatore include due passaggi su Gerusalemme che si agganciano all'invito del v. 10a: λεγέτωσαν πάντες καὶ ἐξομολογείσθωσαν αὐτῷ ἐν Ιεροσολύμοις: «Tutti parlino e diano lode a Lui in Gerusalemme». Il primo inserto sulla città è ai vv. 10b-13, in immediata successione all'*incipit*, mentre il secondo si trova ai vv. 16-18.

Gerusalemme è la πόλις ἁγία: «città santa» ed è direttamente a lei personificata che inizialmente il "salmista" rivolge la sua esortazione alla lode. La denominazione è comune alle due versioni ma nella Sinaitica al v. 13 si ha il parallelismo fra il Nome

---

[31] La componente è così presente che il canto di Tobi è stato definito "salmo escatologico", cf. J.M. ASURMENDI - J. CAMPOS SANTIAGO - A. GONZÀLEZ LAMADRID - M. NAVARRO PUERTO - V. PASTOR JULIÀN - J.-M. SÀNCHEZ CARO, *Storia, Narrativa, Apocalittica*, Paideia, Brescia 2003, 324.

di Dio e il nome della città: τὸ ὄνομα τὸ ἅγιόν σου (più sfumato in B che riporta τὸ ὄνομα κυρίου τοῦ θεοῦ) e ὄνομα τῆς ἐκλεκτῆς. Vi si pone un duplice collegamento fra il Nome divino e i due riferimenti alla città, il primo per l'aggettivo, il secondo per il sostantivo, così da essere evidenti che Gerusalemme è santa perché dimora di Dio e che si ha sovrapposizione fra il tema della santità della città e quello della sua elezione.

Il dato qui puntualizzato è premessa al passaggio dal ricordo dell'umiliazione di Gerusalemme all'auspicio della sua ricostruzione, evocando il pellegrinaggio delle nazioni per omaggiarla.

Nella struttura del racconto, però, la vicenda di Gerusalemme è l'orizzonte interpretativo di quella dei protagonisti, analogamente passati da una condizione negativa alla salvezza grazie all'azione provvidenziale di YHWH, il quale sempre ἐλεήσει τοὺς υἱοὺς τῶν δικαίων: «avrà misericordia dei figli dei giusti» (Tob 13,10). Nella versione sinaitica in questo punto v'è una nota, mancante nel testo breve, sulla luminosità della città che attira il pellegrinaggio delle nazioni: φῶς λαμπρὸν λάμψει εἰς πάντα τὰ πέρατα τῆς γῆς: «una luce splendente brillerà fino a tutti i confini della terra», interessante convergenza intertestuale con il Terzo Isaia.

Il secondo inserto è più dettagliato del primo. Abbondano i riferimenti alle mura, alle torri e alle piazze, alle pietre pregiate e all'oro che compongono una sorta di oracolo profetico su Gerusalemme: ὅτι οἰκοδομηθήσεται Ιερουσαλημ σαπφείρῳ καὶ σμαράγδῳ καὶ λίθῳ ἐντίμῳ τὰ τείχη σου καὶ οἱ πύργοι καὶ οἱ προμαχῶνες ἐν χρυσίῳ καθαρῷ καὶ αἱ πλατεῖαι Ιερουσαλημ βηρύλλῳ καὶ ἄνθρακι καὶ λίθῳ ἐκ Σουφιρ ψηφολογηθήσονται: «Perché Gerusalemme sarà edificata di zaffiro e smeraldo e con pietra preziosa le tue mura, le torri e i fortilizi in oro puro e le saranno pavimentate piazze di Gerusalemme con berillo e turchese pietra di Ofir» (Tob 13,17). Nella versione lunga v'è posto anche per la menzione delle porte: αἱ θύραι Ιερουσαλημ σαπφείρῳ καὶ σμαράγδω οἰκοδομηθήσονται: «le porte di Gerusalemme saranno costruite con zaffiro e smeraldo».

In ultimo la città risuonerà di canti di lode al Signore, citandone per metonimia le strade al posto di coloro che le percorrono inneggiando: καὶ ἐροῦσιν πᾶσαι αἱ ῥῦμαι αὐτῆς αλληλουια καὶ αἰνέσουσιν λέγοντες εὐλογητὸς ὁ θεός ὃς ὕψωσεν πάντας τοὺς αἰῶνας: «Tutte le sue vie canteranno: Alleluja!" e loderanno dicendo: "Benedetto Dio, che si è innalzato per tutti i secoli"» (Tob 17,18)[32].

La dipendenza dalle tradizioni isaiane nelle note descrittive del secondo inserto è evidente. Lo è anche il riferimento del testo sinaitico alla luminosità di Gerusalemme, con analoga funzione attrattiva per i popoli. A me pare anche evocato in ultimo il senso del pellegrinaggio comunitario al santuario, rappresentato vividamente nei Salmi delle ascensioni come luogo del desiderio e della gioia di ogni Israelita.

L'apertura ecclesiale della vicenda di Tobi fa della città il paradigma dell'azione salvifica di YHWH verso il suo popolo e chiunque confidi in Lui.

Cantare Gerusalemme è lodare il Signore per la sua opera. Cantare in Gerusalemme è riconoscere nella letizia l'esito salvifico della storia del popolo eletto, in cui ogni credente può ritrovarsi.

[32] La versione sinaitica fa ancora riferimento alle porte e alle case della città anziché alle sue vie.

4. La città ovile di 1 Enoc 90,28-29

Il Libro dei Sogni di Enoc, quarto dei cinque che compongono il cosiddetto Pentateuco enochiano, contiene due visioni oniriche per se stesse autonome che occupano i capitoli 83-90. La prima è dedicata al diluvio che il patriarca pre-vede prima del suo compiersi ed è contenuta nei due capitoli iniziali, mentre la seconda e ben più ampia parte è originalissima drammatizzazione dell'intera storia della salvezza attraverso la personificazione teriomorfa degli attanti. Ne è derivata la denominazione di "Apocalisse degli Animali".

Il bestiario del libro, assai diversificato, è composto da animali ritualmente puri, posti a raffigurare il popolo eletto e i suoi personaggi eminenti, e da altri meno nobili o impuri con i quali sono rappresentate le nazioni straniere (Egitto, Edom, Babilonia). Con questo stratagemma il racconto si evolve dalla storia passata al finale escatologico, attraverso una riflessione sulla situazione contemporanea alla composizione dell'opera, che pare essere la crisi maccabaica[33].

Dunque, dalla protostoria (cf. 1 Enoc 85-87) si passa ai patriarchi (cf. 1 Enoc 88,1-89,15), all'esodo (cf. 1 Enoc 89,16-40), all'epoca monarchica (cf. 1 Enoc 89,41-77) e agli eventi presenti (cf. 1 Enoc 90,1-19), cogliendo il senso unitario della storia umana e in essa della vicenda d'Israele nell'orizzonte dell'intervento ultimo e risolutivo di Dio. Vi ritrovo l'elemento essenziale a che un testo possa dirsi "apocalittico" per cui l'aggettivo può applicarsi a opere anche molto diverse fra loro per origine e genere letterario, eppure accomunate dalla lettura teologica del percorso umano sul piano della definitività dell'intervento salvifico divino. Giudizio, combattimento mitologico fra opposte potenze di bene e di male, risurrezione, regno di Dio sono aspetti convergenti con questo orizzonte ermeneutico, come lo è il linguaggio simbolico variamente declinato su eventi cosmici dirompenti,

---

[33] Così ritengono diversi autori tra cui P. SACCHI, *Enoc. Introduzione del curatore*, in P. SACCHI (ed.), *Apocrifi dell'Antico Testamento*, I, UTET, Torino 1981, 423-461.434; C. DEUTSCH, *Transformation of Symbols: The New Jerusalem in Rv 21,1-22,5*, in «ZNW» 78 (1987) 106-126.112 e E. SCHÜSSLER FIORENZA, *Apocalisse. Visione di un mondo giusto*, Queriniana, Brescia 1994, 136.

personificazioni mostruose delle realtà antidivine, grandiosa visione della creazione purificata dal male e rifatta secondo la volontà del Creatore[34].

La crisi giudaica e la rinascita del periodo maccabaico sono rappresentate in 1 Enoc 90,6-9 dal contrasto fra gli agnellini che nascono dalle pecore-Israele e i corvi che le rapiscono per divorarle, fino a che su una delle piccole pecore, che parrebbe allusione a Giuda Maccabeo, spunta un grande corno con cui i volatili sono sconfitti[35].

S'innesta su questa vicenda la presentazione del compimento, cui è dedicato 1 Enoc 90,20-45. Purtroppo il testo non è giunto a noi in una lingua antica che possa verosimilmente essere l'originale, per cui devo appoggiarmi alla traduzione della versione etiopica, comunque affidabilissima, realizzata dal gruppo di studio di Paolo Sacchi[36].

La sequenza narrativa si apre con l'instaurazione del tribunale divino. Il racconto del giudizio escatologico si svolge in due fasi: la condanna, in 1 Enoc 90,21-27, e la salvezza, in 1 Enoc 90,30-38. In mezzo v'è il riferimento alla distruzione di una vecchia casa, attigua all'abisso di fuoco in cui sono gettate le pecore malvagie e prima di esse gli angeli ribelli. Protologia ed escatologia sono aspetti che s'incrociano in questo riferimento al mito dell'origine del male come peccato sessuale fra gli esseri celesti e le donne che la tradizione enochica privilegia rispetto alla prospettiva genesiaca spiccatamente antropologica, centrata sulla disobbedienza dei progenitori. Ve n'era evidenza già nell'*incipit* del Libro dei Vigilanti[37].

Si è comunque in una fase di preparazione alla piena manifestazione dell'intento salvifico di Dio che prende avvio dall'apparizione di un nuovo edificio sostitutivo del

---

[34] Confrontandomi con i diversi tentativi di definire l'apocalittica come movimento di pensiero religioso o forma letteraria preferisco usare il termine come aggettivo nel senso detto, applicabile alla rilettura degli eventi passati e presenti di una comunità nell'orizzonte escatologico, sia esso infrastorico sia esso metastorico. Ne ho scritto nel mio *Lo Spirito parla alle Chiese. I sette oracoli profetici dell'Apocalisse*, Edizioni Sant'Antonio, Riga 2018, 3-7.

[35] Secondo P. Sacchi il racconto allude a eventi accaduti intorno al 164 a.C. o a un periodo di poco posteriore, cf. *Enoc. Introduzione*, 34.

[36] Cf. L. FUSELLA, *Enoc. Testo*, in P. SACCHI (ed.), *Apocrifi dell'Antico Testamento*, I, UTET, Torino 1981, 467-667.

[37] Cf. 1 Enoc 6-8.

vecchio. Una volta apparsa la casa-città escatologica, l'azione divina si svolge in due fasi, l'ingresso delle pecore sopravvissute nell'edificio e la manifestazione del Messia, rappresentato, in 1 Enoc 90,37-38, come un possente bue che si trasforma. Così il veggente ne narra l'avvento: «E vidi che era nato un bue bianco, dalle grandi corna e tutti gli animali della selva e tutti gli uccelli del cielo lo temevano e lo pregavano per tutto il tempo. E vidi fin quando tutte le loro specie si trasformarono e tutti divennero buoi bianchi e il primo fra loro divenne una cosa (diversa) e questa cosa era un grande animale con, sulla testa, grandi corna nere ed il Signore delle pecore gioì per loro e per tutti i bovini»[38].

La menzione delle due case giunge dopo una serie di riferimenti all'edificio, disposti all'interno di questa seconda visione del Libro dei Sogni.

Ve n'è innanzitutto un richiamo in 1 Enoc 89,36, in cui è detta la trasformazione di Mosè da pecora a uomo, a indicarne la dignità e la rilevanza nella storia d'Israele: «Ed io vidi, colà, fin quando quella pecora divenne un uomo e costruì la casa del Signore delle pecore e mise tutte le pecore in quella casa». Posta in relazione con la consegna della legge sinaitica narrata nei versetti precedenti, questa menzione della casa va riferita al tabernacolo mobile[39] che pare essere evocato anche nel racconto dell'ingresso nella terra promessa: «e la casa stava in mezzo a loro, nella terra amena» (1 Enoc 89,40).

Il terzo riferimento alla casa si trova all'interno della ricostruzione della storia monarchica, ove essa, dotata di una torre, è metafora di Gerusalemme col suo tempio: «E quella casa divenne grande e vasta e, per quelle pecore, fu costruita una torre, alta, su quella casa del Signore delle pecore e quella casa era bassa e la torre era alta e

---

[38] La traduzione del v. 38 risente della difficoltà costituita dal termine etiopico *nagar* che può significare "parola", "cosa", "qualcosa". Per un'ampia trattazione delle ipotesi avanzate su questo problema cf. P.A. TILLER, *A Commentary on the Animal Apocalypse of I Enoch*, Scholars Press, Atlanta 1993, 386-389. Sull'identità messianica del personaggio, cf. D.E. AUNE, *Revelation*, I-III, Word Books, Dallas 1997-1998, 354; W. FOERSTER, κέρας, in GLNT, V, Paideia, Brescia 1969, 349-358.352-353; M.R. HOFFMANN, *The Destroyer and the Lamb. The Relationship between Angelomorphic and Lamb Christology in the Book of Revelation*, J.C.B. Mohr (Paul Siebeck), Tübingen 2005, 150; B. LINDARS, *A Bull, a Lamb and a Word: 1 Enoch 90:38*, in «NTS» 22 (1975-1976) 484-485; H.B. SWETE, *The Apocalypse of Saint John*, Macmillan, London - New York 1906, 78.

[39] Invece per L. Fusella si tratta della Gerusalemme terrena, cf. *Enoc*, 613.

lunga ed il Signore delle pecore stava su questa torre innanzi una mensa piena (di cibo)» (1 Enoc 89,50)[40].

Per contrappunto il tempo dell'esilio è rappresentato con l'immagine dell'abbandono della casa: «E allora vidi che quando lasciarono la casa del Signore delle pecore e la sua torre, esse sbagliarono del tutto e i loro occhi si accecarono» (1 Enoc 89,54)[41] e con quella della demolizione della torre: «E i leoni e le tigri (Babilonesi e Persiani) divorarono ed ingoiarono la maggior parte di quelle pecore, e i porci (Idumei) mangiavano insieme con loro, e incendiarono quella torre e scavarono sotto quella casa (per abbaterla). Ed io mi addolorai moltissimo per quella torre dato che era stata demolita quella casa delle pecore e, da allora, io non potetti vedere se quelle pecore entravano in quella casa» (1 Enoc 89,66-67). L'allusione alla presa del tempio da parte dei Babilonesi mi pare chiarissima.

Nella successiva narrazione del ritorno nella terra promessa si trova menzione della ricostruzione della torre, in metonimia con la casa-città, ma in evidenza piuttosto che la riedificazione in sé è posta l'imperfezione del culto che vi si celebra: «E presero di nuovo a costruire come prima ed innalzarono quella torre ed essa si chiamava "torre alta" e presero a mettervi innanzi una mensa, ma tutto il pane che vi era sopra era contaminato e non era puro» (1 Enoc 89,73). L'intento dell'autore è, dunque, quello di sottolineare una situazione negativa legata alla riedificazione del santuario e della città post-esilica, da ricondurre probabilmente a un atteggiamento contestatario verso le istituzioni religiose[42], per preparare la scena ultima del giudizio e del passaggio all'edificio non costruito da mano d'uomo.

Su questo punto s'innesta la menzione della casa definitiva: «E stetti a osservare fin quando (il fuoco) attinse quella casa vecchia e fecero uscire tutte le colonne, e

[40] Dunque, il tempio è immaginato nella torre ove abita il Signore, padrone del gregge-Israele, cf. *ib.*, 616-617.

[41] Analogo riferimento all'abbandono della casa e della torre si legge nel successivo v. 56.

[42] Cf. N. CASALINI, *Il tempio nella letteratura giudaica*, in «RivBib» 43 (1995) 181-209.189. Su questa linea si fonda l'ipotesi che il cosiddetto "giudaismo enochiano" corrisponda a quella forma di essenismo radicale identificativo della comunità qumranica, cf. G. BOCCACCINI, *E se l'essenismo fosse il movimento enochiano? Una nuova ipotesi circa il rapporto tra Qumran e gli esseni*, in «RSB» 9/2 (1997) 49-67.63-67. Si tratta di questioni aperte.

tutte le travi e gli ornamenti di quella casa si avvilupparono con esso e le fecero uscire e la gettarono in un posto a destra della terra. E vidi il Signore delle pecore fin quando fece venire una casa nuova, più grande ed alta di quella precedente e la pose nel luogo della prima che era stata avviluppata e tutte le sue colonne erano nuove i suoi ornamenti erano nuovi, ed era più grande della prima, della vecchia, che Egli aveva portato via e tutte le pecore stavano in mezzo a essa» (1 Enoc 90,28-29).

Sul piano lessicale, "casa" è evidentemente termine che si evolve dalla rappresentazione del santuario mobile a quella della città col tempio, posto che la situazione stanziale determinata dall'ingresso nella "terra amena" consente la specificazione del santuario nell'architettura di una torre alta. La duplice costruzione dell'una e dell'altra converge, però, nella distruzione di quanto l'uomo ha storicamente edificato perché possa essere svelata agli occhi del veggente la città escatologica, così com'è descritta ai vv. 33-34: «E tutte quelle che erano perite e s'erano disperse e tutti gli animali della campagna e tutti gli uccelli del cielo si riunirono in quella casa e il Signore delle pecore godette di gran gioia perché tutti erano buoni ed eran tornati nella Sua casa. E vidi fin quando riposero quella spada che era stata data alle pecore e la introdussero nella Sua casa ed egli la sigillò davanti alla faccia del Signore e di tutte le pecore e furono chiuse in quella casa ed essa non le conteneva. E gli occhi di tutte si aprirono e ci vedevano bene e, in mezzo ad esse, non ve ne era alcuna che non vedesse. E vidi che quella casa era grande, vasta e assai piena».

Il testo amarico cristiano contiene una spiegazione apologetica della metafora, vedendo nella vecchia casa distrutta la sparizione della legge mosaica, nelle colonne i profeti e i sacerdoti, nelle travi le norme della legge, mentre nel nuovo edificio il vangelo. In realtà, alla luce della lettura complessiva del testo, l'interpretazione del testo in ordine al tempio e/o Gerusalemme appare chiarissima.

L'elemento descrittivo è scarno e, tuttavia, racchiude alcuni elementi che ormai definiscono in tutto il modello retorico della *descriptio* della Gerusalemme finale: la sostituzione di un sistema umano con quello divino, l'origine trascendente dell'edificio, le dimensioni iperboliche di cui, però, anziché evidenza in ordine al rilievo dell'architettura si ha contezza attraverso la capienza di tutte le pecore salvate.

Posto che la città è situata in stretta relazione con il giudizio finale e con la venuta del Messia nascosto, è chiaro che il contesto rappresentativo è ormai escatologico e apocalittico: la nuova casa non è una realtà che sarà realizzata in un futuro storico ma propriamente l'opera definitiva di Dio alla fine dei tempi[43].

La coordinata teologica della visione è data dall'epiteto divino "Signore delle pecore" (cf. 1 Enoc 89,28.30.33.45; 90,15.18.20), declinazione dell'immagine veterotestamentaria del Pastore[44] cui corrisponde specularmente quella del gregge, qui ampiamente sviluppata nella simbolica ovina. V'è, però, una convergenza originale con la sottolineatura dell'ineffabilità divina che manca nei passi anticotestamentari in cui si trova la metafora, dove essa, sebbene veicoli l'idea del governo di Dio sul popolo[45], appare piuttosto legata alla tenerezza di Lui nei confronti del suo popolo.

A più riprese nell'Apocalisse degli Animali l'epiteto teologico è posto in relazione con sottolineature della trascendenza di Dio, specie attraverso espressioni che ne mettono in risalto la maestosità e la potenza come in 1 Enoc 89,30, ovvero tramite la sottolineatura dell'impossibilità di stare davanti al suo volto, affermata dalle pecore in 1 Enoc 89,31: «Non possiamo stare davanti al nostro Signore né guardarlo».

Il dato è implicito nella denominazione stessa di "Signore delle pecore", piuttosto che di רֹעֶה/ποιμήν.

Nella riproposizione della visione della città finale ulteriore elemento innovativo è la mancanza della torre all'interno della casa nuova. Pare, dunque, superato un regime cultuale che imponeva l'idea di separazione fra sacro e profano, fra divino e umano, cosicché le pecore possano stare finalmente alla "faccia del Signore" ed Egli

[43] Anche su questo punto mi distacco dall'interpretazione di L. FUSELLA, *Enoc*, 628.
[44] Cf. Sal 23,1; 80,1; Is 40,11, fino alle applicazioni cristologiche del NT.
[45] Nelle sue versioni veterotestamentarie, come si sa, l'immagine è frequentemente applicata alla figura della guida che Dio stesso sceglie per il suo popolo, fino alla sua maggiore esplicitazione in ordine alla monarchia davidica.

ne provi gioia, reazione emotiva, a suo modo antropomorfa, alla comunione realizzata con i salvati. Se separazione continua a esserci è fra la città e l'esterno, posto che le pecore vi sono chiuse per starvi definitivamente al sicuro.

Dio ha in qualche modo cessato di essere il "Signore delle pecore" per diventare semplicemente il "Pastore" che custodisce il suo gregge, facendo della città escatologica non il segno della sua potenza ma quello della sua tenerezza per Israele. La via verso l'universalismo della salvezza è ancora lunga ma intanto, sfumando la connotazione architettonica della Gerusalemme escatologica nell'immagine dell'ovile, le tradizioni enochiche approdano a una sua rappresentazione precipuamente ecclesiologica di comunione a suo modo teandrica fra il Pastore e le sue pecore. E io vi intravedo quanto il Verbo dirà di sé e del gregge nel suo svelarsi al mondo ad anticipare e presentare il compiersi dell'opera del Padre: «Io sono il Pastore buono, conosco le mie (pecore) e le mie (pecore) conoscono me» (Gv 10,14).

TERZO DITTICO: LA VISTA DA QUMRAN

La complessità del giudaismo è questione aperta dal ripensamento di precedenti semplificazioni[46] e particolarmente su Qumran allo stato attuale delle ricerche, probabilmente, sono più le domande che le certezze. Quel che, invece, non può essere messo in discussione è che i rotoli ritrovati nelle undici grotte qumraniche erano parte di una biblioteca di scritti biblici e giudaici di carattere religioso, la cui redazione in linea di massima si racchiude fra il III sec. a.C. e il I sec. d.C. Fra essi la cosiddetta Regola della Comunità e il Codice di Damasco sono testi palesementi settari centrati su un atteggiamento critico verso le istituzioni centrali d'Israele.

Oltre a queste opere, comunque non omologabili in ordine a un'unica comunità di riferimento (ovvero a un'unica fase della sua storia), l'opposizione al sistema religioso, politico, sociale gerosolimitano si rileva in maniera assai singolare nel notissimo *Meghillat Hammiqdash*, il Rotolo del Tempio, e nel cosiddetto testo della "Nuova Gerusalemme". In entrambi i casi, infatti, l'immagine della città e del santuario veicola una visione ecclesiologica alternativa a quella ufficiale del tempo, imperniandola su pretese di autenticità identitaria contrapposta a quella rappresentata dalle istituzioni centrali. Una nuova prospettiva sulla Gerusalemme veniente che si pone come rilettura purista della matrice profetica.

5. Il Rotolo del Tempio

Le due copie del Rotolo del Tempio, ritrovate intorno al 1956 all'interno della grotta 11, sono note con le sigle $11QT^a$ e $11QT^b$ [47]. La prima è mancante della parte

[46] Giustamente Boccaccini nota in primo luogo la difficoltà di superare la visione classica del settarismo giudaico proposta negli scritti di Giuseppe Flavio a favore di uno sguardo più oggettivo sulla complessità dei fenomeni gruppali sia palestinesi sia della diaspora, cf. G. BOCCACCINI, *E se l'essenismo fosse il movimento enochiano?*, 49-50.

[47] Incerta è l'appartenenza all'opera di 11Q21 ($11QT^c$).

iniziale, di quella finale e dei bordi superiori del rotolo ma è comunque il testo più lungo ritrovato a Qumran, mentre la seconda è frammentaria[48].

Secondo Yigael Yadin l'opera fu composta al tempo del re asmoneo Giovanni Ircano o poco dopo, cioè nella seconda metà del II a.C., ma sono state ipotizzate anche altre datazioni. Barbara Thiering riteneva che essa sia stata composta nel periodo di Erode il Grande, fra il 37 e il 4 a. C., mentre in direzione opposta si è mosso Ben Zion Wacholder, che ha anticipato la scrittura al 200 a.C. circa. Florentino García Martínez, notando che da una parte vi è adottato il calendario di trecentosessantaquattro giorni in uso a Qumran ma da un'altra mancano alcuni temi cari al gruppo qumranico, come il predeterminismo, conclude che si tratta di un documento scritto in ambienti sacerdotali dissidenti da cui si avvierà l'esperienza della comunità che avrebbe dimorato nel sito[49].

Divide i commentatori anche la definizione del genere letterario dell'opera, posto che essa si presenta come rilettura di testi biblici presi dal Pentateuco, dal Deuteronomio in particolare, e abbonda di materiale legislativo. Lo stesso García Martínez nella definizione della forma del testo oscilla fra questi due ambiti, per cui in *Testi di Qumran* lo colloca nella sezione dedicata alla letteratura esegetica, mentre in *Letteratura giudaica inter-testamentaria*, lo inserisce nei testi halakici[50]. James Vanderkam, da parte sua, include il rotolo fra i testi legali[51].

Nel complesso, la presentazione del tempio e delle sue norme è impostata sul modello della rivelazione sinaitica che ne costituisce l'ambientazione, inserendo, però, il discorso in prima persona indirizzato direttamente da YHWH al popolo dove nel testo biblico si trova la mediazione di Mosè e la parola divina è presentata in terza

---

[48] Le pubblicazioni dei testi si trovano in Y. YADIN, *Megillat hammiqdash - The Temple Scroll*, Hebrew Edition, Jerusalem 1977; E. QIMRON, *The Temple Scroll. A Critical Edition with Extensive Reconstrutions*, Ben-Gurion University of the Negev Press, Beer-Sheva - Jerusalem 1996, Beer-Sheva - Jerusalem 1996, per 11QT[a]; F. GARCÍA MARTÍNEZ, *Qumran Cave 11*, DJD XIII, Clarendon Press, Oxford 1998, 357-410, per 11QT[b]. Per il testo in italiano mi rifaccio a F. GARCÍA MARTÍNEZ, *Testi di Qumran*, Paideia, Brescia 1996, 270-309.

[49] Cf. *ib.*, 270, n. 1.

[50] Cf. G. ARANDA PÉREZ - F. GARCÍA MARTÍNEZ - M. PÉREZ FERNÁNDEZ, *Letteratura giudaica inter-testamentaria*, Paidea, Brescia 1998, 30.

[51] Cf. J.C. VANDERKAM, *Manoscritti del Mar Morto. Il dibattito recente oltre le polemiche*, Città Nuova, Roma 1995, 71-73.

persona[52]. Questa variazione accentua l'autorevolezza della rivelazione, probabilmente allo scopo di dare maggiore rilevanza alle critiche che i qumraniti muovevano verso le istituzioni sacerdotali di Gerusalemme.

I temi della legislazione dettata da YHWH sono disposti in tre gruppi: sulla costruzione del tempio, coll. II-XIII.XXX-XXXIV e sulle feste, coll. XIV-XXIX; sulla purità, con leggi specifiche legate al tempio e alla città santa, coll. XLVI-XLVII; regole generali, coll. XLVII-LI, mentre la parte conclusiva del testo è costituita da una riscrittura di Dt 12-23. Insieme alle norme sul santuario e sulla città si trovano elementi descrittivi dell'uno e dell'altra.

La presentazione del tempio si svolge dall'interno all'esterno. Nella col. VII, infatti, vi è già un riferimento al santuario con la menzione dell'arca, dei due cherubini posti su di essa ad ali spiegate a mo' di protezione e del velo d'oro per la chiusura del *Sancta Sanctorum*. Esso è posto al centro dell'intero edificio, costituito da tre cortili di pianta quadrata, uno esterno, uno mediano e uno interno. La descrizione del cortile interno comprende le coll. XXXVI r. 1 -XXXVIII r. 11, mentre alla corte di mezzo sono dedicate le coll. XXXVIII r. 12-XL r. 5 e a quella esterna si riferiscono le coll. XL r. 5-XLV r. 1.

L'abbinamento delle porte ai nomi dei capotribù d'Israele e la loro distribuzione tre per lato derivano da Ezechiele[53] ma il dato è reduplicato perché riferito sia al cortile mediano (cf. col. XXXIX rr. 12-13) sia a quello esterno (col. XL rr.11-XLI,11) e l'ordine dei nomi è differente rispetto alla matrice biblica: Simeone, Levi e Giuda a sud; Ruben, Giuseppe e Beniamino a est; Issacar, Zabulon e Gad a ovest; Dan, Neftali e Aser a nord nel Rotolo del Tempio (coll. XXXIX-XLI). Ezechiele, invece, ha: Ruben, Giuda, Levi, Giuseppe, Beniamino, Dan, Simeone, Issacar, Zabulon, Gad, Aser, Neftali.

Le proporzioni del tempio sono gigantesche, tali da poter occupare l'intera area della città erodiana, come si evince dalle dimensioni delle mura edificate su perimetro

[52] Vivian ha notato l'assenza di fatto della figura di Mosè all'interno del testo, cf. A. VIVIAN, *Il Rotolo del Tempio*, Paideia, Brescia 1990, 135.

[53] Sulla questione delle fonti dell'opera cf. F. GARCÍA MARTÍNEZ, *Sources et rédaction du Rouleau du Temple*, in «Hen» 13 (1991) 219-232.

quadrato con le tre porte che si trovano su ogni lato poste a distanza di trecentosessanta cubiti l'una dall'altra (cf. col. XL r. 13). Il modulo numerico è basato sull'alternanza del 4, del 7 e del 20 con i loro multipli.

V'è pure abbondantissima profusione d'oro a indicare la convergenza del modello di Ezechiele con quello isaiano.

D'altra parte, però, i dettagli della scala a spirale posta a nord-est del tempio (coll. XXX r. 3 - XXXI r. 9) e del peristilio a tre corti sono contaminazioni con l'architettura ellenistica[54].

Su questa descrizione si muovono alcune puntualizzazioni necessarie a comprenderne il senso complessivo.

Tempio e città santa sono provvisionali. Ve n'è evidenza nell'attestazione divina della col. XXIX rr. 8-10: «Santificherò il mio tempio con la mia gloria, poiché farò dimorare su di esso la mia gloria fino al giorno della creazione, quando creerò il mio tempio stabilendolo per me per sempre, secondo il patto che feci con Giacobbe in Betel».

In secondo luogo v'è la relazione strutturante del testo fra la costruzione del tempio e le leggi di purità, che, radicalizzando il dato biblico, declinano in maniera peculiare la rivelazione in termini etici e rituali, così com'è palesemente presente nel passaggio riportato nella col. LI r. 6-10:

ולוא יטמאו בהמה אשר
ולוא יטמאו לכמה בהר הזה ולוא יטמאו כי אני יהוה שוכן
בתוך בני ישראל וקדשתמה והיו קדושים ולוא ישקצו
את נשותיהמה בכיל אשר הבדלתי להמה לטמאה והיו
קדושים

«6 Non si contaminino con quelle cose che
7 io ti dico su questo monte. Non si contaminino. Perché io, YHWH, dimoro

[54] La LXX anacronisticamente attribuisce il peristilio al tempio salomonico mentre esso è un elemento architettonico ellenistico.

8 in mezzo ai figli d'Israele. Si santificheranno e saranno santi. Non renderanno esecrabili
9 le loro anime con nulla di quello che io ho separato da loro come impuro e saranno
10 santi».

La norma riprende Lv 11,43-45, sottolineando la diversità d'Israele rispetto alle nazioni e declinandola in ordine alle regole di purità postulate dalla santità di YHWH. Di fatti per la presenza del tempio la connotazione della santità si estende all'intera città ove Dio ha posto la sua dimora, per cui essa è espressamente detta "città santa" (col. XLII rr. 3-4), sebbene per altro verso ne sia necessaria la separazione dal tempio come elemento permanente della dialettica fra alterità divina e storicità della rivelazione e dell'alleanza. Su questo il testo della col. XLVI rr. 1-12 è esplicito:

לוא ישון כול

עוף טמא על מקדשי [...] על גגי השערים אשר

לחצר החיצונה וכול [...] להיות בתוך מקדשי לעולם

ועד כול הימים אשר אני שוכן בתוכם

ועשיתה רובד סביב לחוץ מהצר החיצונה

רחב ארבע עשרה באמה על פי פתחי

השעתים כולמה ושתים מעלה תעשה לו אשר יהיו לעולם בני ישראל אליו

לבוא אל מקדשי

ועשיתה חיל סביב למקדש רחב מאה באמה אשר

הקודש לעיר ולוא יהיו באים בלע אל תוך מקדשי

ולוא יחללוהו וקדשו את מקדשי ויראו ממקדשי

אשר אנוכי שוכן בתיכמה

«1 Non volerà (nessun)

2 uccello impuro sul mio tempio [...] i tetti delle porte (che danno)

3 sul cortile esterno, e ogni [...] stare in mezzo al mio tempio per sempre
4 e per tutti i secoli, poiché io abito tra di loro.
5 farai una piattaforma intorno al cortile esterno, dalla parte di fuori. Larga
6 quattordici cubiti, corrispondente ai vani di tutte le porte;
7 farai dodici gradini, affinché salgano per essi i figli d'Israele
8 per entrare nel mio santuario.
9 Farai una piattaforma intorno al santuario di cento cubiti di larghezza, che
10 separi il tempio santo dalla città, affinché non entrino improvvisamente nel
11 mio santuario e lo profanino. Santificheranno il mio tempio e ne avranno reverenza
12 poiché io abito fra loro».

Che il tempio diventi una sorta di *no-fly zone* per i volatili è semplicemente utopistico. Per altro verso nella col. XLII rr. 7-8 sul divieto d'introdurre nella città pelli di animali macellati fuori da essa la comparazione con la norma di Antico III (223-187 a.C.) che riferiva tale prescrizione ai soli animali proibiti evidenzia una declinazione più aspra di normative vigenti. Nella stessa direzione nella col. XLV r. 11 si rileva la tendenza ad allargare le norme di purità sessuale sul tempio all'intera città[55].

Sono punti paradigmatici dell'atteggiamento rigorista dell'autore, su cui s'innestano implicanze ecclesiologiche rilevanti.

Con un motivo probabilmente ripreso dal Deuteronomio e dal Levitico, Israele è detto "popolo santo" (col. XLVIII rr. 7.10), estendendo a tutta la comunità la connotazione propria di Dio e dell'ambito cultuale.

Ne è espressione imperativa alla col. LI rr. 7-8 l'adagio ripreso dal Codice di Santità del Levitico: כי אני יהוה שוכן בתוך בני ישראל וקדשתמה והיו קדושים: «Poiché io sono il Signore che dimora in mezzo ai figli d'Israele santificatevi e siate santi».

---

[55] Cf. F. García Martínez, *Testi di Qumran*, 288 n. 2.

Il tema della santità, dunque, permane nel suo riferimento principale all'idea di separazione/alterità, com'è espressamente detto nella col. LI rr. 9-10, derivandone il collegamento con l'ambito semantico della purità strutturato in contrappunto nell'opposizione puro-impuro. Forse, però, più semplicemente le norme radicali che vi si riferiscono obbediscono a un criterio iperbolico a suo modo speculare alla descrizione della città e del tempio. L'esagerazione dice la necessità incontrovertibile di salvaguardare l'identità d'Israele come popolo in cui dimora Dio ma il testo pare insistere sul fatto che il sistema gerosolimitano con le sue istituzioni ha fallito il suo obiettivo originario. Ne è conseguente l'ordine divino della costruzione di un santuario alternativo, in attesa di quello che Egli stesso realizzerà nella creazione nuova. La comunità che vi ufficerà il culto e dimorerà nella "città santa" sarà quella che incarnerà pienamente lo spirito dell'elezione divina, preparandosi alla definitiva azione salvifica di Dio.

Da Qumran la città santa si vede così!

6. La "Nuova Gerusalemme"

Sono state rinvenute sette copie frammentarie in lingua aramaica dell'opera nota come "Nuova Gerusalemme" (NJ), 1Q32; 2Q24; 4Q554; 4Q554a; 4Q555; 5Q15 e 11Q18, dato che ne rileva l'importanza all'interno della biblioteca qumranica.

La grafia di 1Q32, manoscritto giunto a noi in ventitré piccoli frammenti, permette di datarlo alla seconda metà o alla fine del sec. I a.C.[56] Jozéf Tadeusz Milik ritiene che esso si riferisca a un'apocalisse aramaica contenente la descrizione della nuova Gerusalemme e del nuovo tempio da identificare, con tutta probabilità, con quella delle grotte 2, 4 e 5[57].

2Q24 comprende undici frammenti. Il fr. 1 contiene parte della descrizione di un isolato della città mentre il fr. 3 un riferimento ad una porta di zaffiro e ai pani della proposizione. Il testo del fr. 4, che è il più ampio, parla dei pani della proposizione, del rito dell'offerta e dei quattordici sacerdoti coinvolti. I frr. 5-8 si riferiscono all'altare degli olocausti. Molto piccoli sono i frr. 2; 9; 10; 11. La grafia del manoscritto è tardo-erodiana ed è databile alla prima metà del sec. I d.C.

La quarta grotta ha restituito tre copie dell'opera.

4Q554 è costituito da due grandi frammenti, che si distinguono da altri molto piccoli, riconducibili all'*incipit* della composizione. Il fr. 1 è composto da tre colonne. Nella prima v'è la parte iniziale della descrizione delle mura con le porte nominate a partire dal lato orientale, la cui presentazione è completata nella col. II rr. 10-11. La col. II rr. 12-15 contiene la descrizione di un isolato-tipo, mentre la col. II rr. 16-23 fa riferimento alle strade della città. La col. III rr. 13-22, infine, presenta i portali d'accesso agli isolati.

Anche il fr. 2 è costituito da tre colonne. La col. I contiene soltanto alcune parole; la col. II è pertinente alla misurazione di mura della città o del tempio; la col. III rr.

[56] Cf. F. GARCÍA MARTÍNEZ, *New Jerusalem*, in L.H. SCHIFFMAN - J.C. VANDERKAM (edd.), *Encyclopedia of the Dead Sea Scrolls*, II, Oxford University Press, New York 2000, 606-610.606.
[57] Cf. J.T. MILIK, *Qumran Cave I*, DJD I, Clarendon Press, Oxford 1955, 134.

15-22 fa riferimento a una guerra escatologica contro le nazioni. La grafia è erodiana e il manoscritto dovrebbe risalire alla seconda metà del sec. II a.C.

Per la scrittura molto simile e coeva a quella di 4Q554, si è inzialmente pensato che 4Q554a ne facesse parte. In realtà si tratta di una copia diversa di NJ, costituita da un grande frammento in buono stato di conservazione e da altri che non sono decifrabili. Il fr. 1 contiene la descrizione dell'interno del blocco delle case e di una dimora-tipo.

4Q555 è costituito da tre piccoli frammenti riconducibili alla seconda metà del sec. I a.C. e la sua attribuzione a NJ è incerta.

5Q15 è il manoscritto meglio conservato e comprende due gruppi di frammenti. Il fr. 1 nella col. I contiene la descrizione della parte esterna dell'isolato (cf. 5Q15 1, col. I r. 1), della struttura viaria a griglia (5Q15 1, col. I rr. 2-7) e dei portali degli isolati (cf. 5Q15 1, col. I rr. 8-19). La col. II continua la presentazione dei portali degli isolati (cf. 5Q15 1, col. II rr. 1-5) e dei blocchi di case e delle dimore (cf. 5Q15 1, col. II rr. 6-15). I caratteri delle lettere permettono di datare questa copia alla fine del sec. I a.C.

Infine, i trentasette frammenti di 11Q18 sono ciò che rimane di un rotolo trovato parzialmente pietrificato e che conseguentemente non è stato possibile salvare interamente. L'analisi grafologica orienta la datazione alla prima metà del sec. I d.C.

L'indagine paleografica dei documenti consente di stabilire il *terminus ante quem* per la composizione dell'opera, deducibile dalla datazione dei manoscritti più antichi, alla seconda metà del sec. I a.C. Più arduo è il tentativo di stabilire il *terminus post quem*, per il quale non aiutano né l'analisi degli elementi urbanistici, molto comuni in tutta l'età ellenistica, né gli studi linguistici che suggeriscono come tempo per la composizione di NJ i sec. III-II a.C., periodizzazione che potrebbe essere precisata al II sec. a.C. dall'assenza di elementi che possano rinviare a un contesto vitale segnato da persecuzioni[58].

---

[58] Cf. *ib.*, 610.

L'impossibilità di datare con certezza l'opera rende difficile stabilirne l'origine. Si può ipotizzare che essa sia stata composta a Qumran ovvero che abbia un legame con circoli esseni pre-qumranici. Lo fanno pensare il numero di copie trovato, la loro copiatura in periodizzazioni diverse, il fatto che il testo ad oggi non sia stato rinvenuto in altri siti archeologici.

Pur nel suo tono asettico, assimilabile a quello di Ez 40-48, la rappresentazione visionaria rientra nell'ambito letterario apocalittico[59]. Vi riconosco almeno quattro elementi che ne sono caratteristici: la forma narrativa in prima persona, la rivelazione mediata, la presentazione di realtà trascendenti e il tema della guerra escatologica. Pertanto, dal punto di vista letterario, NJ può considerarsi una *descriptio* apocalittica della Gerusalemme celeste.

In effetti, il complesso dei frammenti ci restituisce la descrizione visionaria di una città di cui un Angelo rileva le misure: 2Q24 3, r. 2: [ו]משח עד תרע ספיר[א]: «Misurò fino alla porta di zaffiro»; 4Q554 1, col. II r. 20: משח פותיה: «Misurò la larghezza» (della strada principale della città nella direzione sud-nord); 5Q15 1, col. I r. 17: משח בגוא אספא: «misurò nella parte interna/al di là della soglia» (in riferimento alla descrizione del portale dell'isolato)[60].

Qui, come in Ezechiele, rilevare significa mostrare.

---

[59] Cf. J. FREY, *The New Jerusalem Text in Its Historical and Traditio-Historical Context*, in L.H. SCHIFFMAN - E. TOV - J.C. VANDERKAM (edd.), *The Dead SeaScrolls. Fifty Years after their Discovery*, Israel Exploration Society, Jerusalem 2000, 800-816.804.

[60] Le misure usate in NJ sono principalmente la canna (קנה) e il cubito (אמה). In 4Q554, nella descrizione delle mura della città è citato anche il *res* (רס o רסא al singolare, רסין o ראסין al plurale) che, grazie all'indicazione offerta dalla misurazione degli isolati e della zona adiacente ad essi, è equiparabile a sessantatré canne, cioè a quattrocentoquarantuno cubiti, cf. F. GARCÍA MARTÍNEZ, *Qumran and Apocalyptic. Studies on the Aramaic Texts from Qumran*, Brill, Leiden 1992, 192-193.

Agli occhi dell'anonimo veggente[61] è rappresentata una città murata, estesa su pianta rettangolare che misura centoquaranta *res* nei lati est e ovest e cento *res* nei lati nord e sud (cf. 4Q554 1, col. I r. 9 - col. II r. 11). Sulla cinta muraria vi sono dodici porte, tre per lato, che sui lati lunghi distano fra loro e dagli angoli trentacinque *res*, mentre sui lati corti venticinque *res* e recano i nomi dei figli di Giacobbe. Cominciando dal lato orientale, alla prima porta è legato il nome di Simeone, mentre a Giuseppe e a Ruben sono dedicati, rispettivamente, il primo e il terzo portale del lato meridionale e a Neftali e ad Aser la seconda e la terza porta della facciata settentrionale. La lista è monca ma ci permette comunque di rilevare un ordine complessivo diverso da quello di Ez 48,31-34 e parzialmente convergente con quello del Rotolo del Tempio[62].

La variazione sul tema della città santa immaginata è centrata sulla distribuzione interna dello spazio, ove la configurazione urbanistica è definita da un fitto reticolo di strade perpendicolari. Vi sono sei viali principali, tre nella direzione est-ovest e tre nella direzione nord-sud, lastricati di pietre bianche, di alabastro e di calcedonio (cf. 5Q15 1, col. I rr. 6-7).

---

[61] La questione ha aperto diverse piste interpretative. Il veggente sarebbe una delle figure ancestrali d'Israele per J. FREY, *The New Jerusalem*, 804, ovvero uno dei personaggi che stanno alla base della tradizione sacerdotale per K. BEYER, *Die aramäischen Texte vom Toten Meer: Ergänzungsband*, Vandenhoeck & Ruprecht, Göttingen 1984, 95. Invece, si tratterebbe di Mosè per E. PUECH, *À propos de la Jérusalem Nouvelle d'après les manuscripts de la mer Morte*, in «Semitica» 43-44 (1995) 87-102.92 e di Giacobbe per E. TIGCHELAAR, *The Imaginal Context and the Visionary of the Aramaic New Jerusalem*, in A. HILHORST - E. PUECH - E. TIGCHELAAR (edd.), *Flores Florentino. Dead Sea Scrolls and Other Early Jewish Studies in Honour of Florentino García Martínez*, Brill, Leiden 2007, 257-270.270. Il legame del testo con il libro di Ezechiele ha portato anche a ipotizzare che si tratti dello stesso profeta, cf. D. DIMANT, *Apocalyptic Texts at Qumran*, in E. ULRICH - J.C. VANDERKAM (edd.), *The Community of the Renewed Covenant: The Notre Dame Symposium on the Dead Sea Scrolls*, University of Notre Dame Press, Notre Dame 1994, 175-191.183.

[62] Certamente, però, la convergenza non è totale. Infatti, il nome di Ruben è collocato al posto di quello di Giuseppe e Beniamino è citato al posto di Ruben. Per una ricostruzione sinottica delle liste, cf. E. PUECH, *The Names of the Gates of the New Jerusalem (4Q554)*, in S.M. PAUL - R.A. KRAFT - L.H. SCHIFFMAN - W.W. FIELDS (edd.), *Emanuel. Studies in Hebrew Bible Septuagint and Dead Sea Scrolls in honor of Emanuel Tov*, Brill, Leiden 2003, 379-392.389.

Tra le prime tre strade v'è quella maggiore, collocata על ש[מא]ל מק[דשא]: «a sinistra del santuario» (5Q15 1, col. I r. 4)[63]. Anche nella direzione nord-sud corre un'arteria principale, posta [במצ]יעת קריתא: «nel mezzo della città» (5Q15 1, col. I r. 5). I sei viali maggiori racchiudono quartieri strutturati su arterie minori che vanno a delimitare vere e proprie *insulae*, definendo una struttura a reticolo associabile al modello urbanistico delle città greco-romane attribuito a Ippodamo di Mileto, cui è coerente anche il perimetro rettangolare della città.

Ogni blocco di case, פרזתא, ha forma quadrata con i lati lunghi cinquantuno canne ovvero trecentocinquantasette cubiti (cf. 4Q554 1, col. II r. 13; 5Q15 1, col. I r. 1), ha quattro porte gemelle situate al centro di ogni lato accanto alle quali addossata a un pilastro v'è una scala (cf. 4Q554 1, col. III rr. 13-22; 5Q15 1, col. I r. 15-II r. 5), e ha attorno un שבק (5Q15 1, col. I r. 1), termine che è stato tradotto da Milik con «péristyle»[64] ma che potrebbe indicare uno spazio libero[65]. Le abitazioni occupano il perimetro dell'isolato e le loro misure a confronto con le dimensioni iperboliche della città e con la monumentalità delle quattro porte appaiono modeste e più realistiche.

Ben altro tenore ha la descrizione del tempio, denominato היכלא (11Q18 col. II rr. 3.6) ovvero מקדשא (5Q15 1, col. I r. 4). Esso ha una תרע ספירא: «porta di zaffiro» (2Q24 3, r. 2)[66] ed è profuso d'oro (cf. 11Q18 10, col. I rr. 1-8). L'aspetto singolare rispetto alle altre descrizioni visionarie biblico-giudaiche non risiede nella preziosità degli elementi costruttivi, bensì nella sua collocazione.

---

[63] Il sostantivo שמאל può indicare sia la parte sinistra sia quella nord del tempio, ma ritengo più probabile la prima traduzione a motivo di 5Q15 1, col. II r. 2, dove il termine, all'interno della descrizione del portale di accesso all'isolato, è riferito alla scala della torre che si trova שמאל, «a sinistra» dell'entrata. In 5Q15 1, col. II r. 2 questa traduzione s'impone per il fatto che la descrizione del portale è emblematica dell'architettura degli altri e non è fatta con riferimento ai punti cardinali.

[64] Cf. J.T. MILIK, *Les "Petites grottes" de Qumrân*, DJD III, , Clarendon Press, Oxford 1962, 191.

[65] Cf. A. LICHT, *An Ideal Town Plan from Qumran: The Description of the New Jerusalem*, in «IEJ» 29 (1979) 45-59.47.

[66] L'attribuzione di questi elementi alla descrizione del tempio è ipotetica, visto che nel frammento non c'è un'esplicita citazione del medesimo. Tuttavia, essa risulta verosimile poiché di zaffiro non si parla nella descrizione delle porte della città e dei portali degli isolati. La preziosità dei materiali, dunque, ben si adatta all'edificio sacro della metropoli.

Per l'assenza di indicazioni certe sull'ubicazione del viale principale est-ovest, semplicemente collocato "a sinistra del santuario", se n'è ipotizzato il posizionamento esterno all'area abitata, facendone una sorta di spiazzale per separare il tempio dalla zona profana abitata[67]. Tuttavia, per ricostruzione archeologica dal modello ippodameo e per deduzione dal numero e dalla disposizione simmetrica delle dodici porte sulle mura in corrispondenza dei capi delle sei strade maggiori, il viale, come quello nord-sud, va collocato nel mezzo della metropoli. Dunque, il tempio stesso è *intra moenia*, all'incrocio delle due arterie principali della città[68].

Al santuario è legata la legislazione rituale e i manoscritti della grotta 2 e della grotta 11, sebbene in maniera molto lacunosa, ci testimoniano che NJ comprendeva anche una dettagliata descrizione della liturgia.

La descrizione della città e del tempio si accorda con un contesto di contaminazione culturale, tipica del periodo giudaico-ellenistico, con chiaro intento transignificante in ordine all'elemento specifico della posizione del santuario nel cuore dello spazio abitato. Il dato risulta tanto più evidente quanto più su questo punto il testo si distacca dalla matrice profetica di Ez 40-48, in cui l'idea di un contatto tempio-case private era inequivocabilmente condannata da YHWH nel citato Ez 43,8b.

Per altro verso, alle dimensioni iperboliche della città fa da contrappunto la descrizione delle abitazioni con misure realistiche, indicative di una comunità residenziale che vive in relazione diretta con la presenza di Dio.

Vi leggo il grande tema apocalittico della prossimità escatologica degli eletti con Dio in una declinazione propriamente architettonica e intuisco un possibile richiamo polemico alla separazione del tempio dal popolo così com'era intesa dalle istituzioni gerosolimitane, posto che la struttura urbanistica ippodamea col santuario *intra moenia* contraddice apertamente quella reale di Gerusalemme e del suo santuario.

---

[67] Cf. *ib.*, 48-49.

[68] Cf. H. ANTONISSEN, *Some Aspects of New Jerusalem*, in A. HILHORST - E. PUECH - E. TIGCHELAAR (edd.), *Flores Florentino*, 239-255.242.

Su un versante per certi aspetti opposto, però, la cinta murata della città, contrassegnata dai nomi dei dodici capotribù, è indicativa della necessità di custodire l'identità di una comunità che ritiene di essere il vero Israele. Evidentemente la convivenza uomo-Dio, annunziata visivamente dalla composizione urbanistica della metropoli, vale solo per i membri del gruppo cui il testo è appartenuto.

Tentare di superare l'ossimoro della separazione fra Dio e il "suo" popolo in via oppositiva ed esclusivista, però, porta sempre il peso di un'identità contraddittoria.

Proprio questo mi pare il nodo irrisolto dell'esperienza comunitaria mostrata in NJ.

QUARTO DITTICO: GERUSALEMME OLTRE GERUSALEMME

Sia in seno al giudaismo sia nel cristianesimo nascente la distruzione del tempio per mano dei Romani provocò contraccolpi notevolissimi perché fece percepire la fine di quello che per secoli era stato il perno della fede ebraica. Mentre, però, le comunità cristiane avevano già svoltato verso l'inedito cristologico quelle giudaiche dovevano trovare una nuova centratura della loro esperienza religiosa. Così alla fine del I sec. d.C. videro la luce due rappresentazioni della città escatologica, l'una attribuita allo scriba Esdra l'altra a un Giovanni tradizionalmente identificato con il figlio di Zebedeo, che mostrano emblematicamente due reazioni e due prospettive differenti a quello fu l'evento che segnò anche la fine della liturgia gerosolimitana, delle classi sacerdotali, determinando la revisione radicale dello statuto identitario d'Israele.

È l'ultimo dittico che si mostra al nostro sguardo, volutamente sbilanciato nelle sue proporzioni sulla rappresentazione dell'Apocalisse per la sua maggiore complessità rispetto alle precedenti rappresentazioni e, ne confesso la motivazione personale, per mio particolare interesse e attaccamento al libro giovanneo.

Tra convergenze e divergenze queste due iconi della città reinterpretando i dati della tradizione profetica sovrappongono l'immaginario urbano e quello femminile della sposa-madre a rintracciare la radice teologica dell'esperienza comunitaria, posto che la forma specifica che essa aveva assunto in rapporto al tempio gerosolimitano era ormai definitivamente annullata. Quelle del 4 Esdra e di Ap 21-22 sono due immagini escatologiche di Gerusalemme oltre Gerusalemme, eppure totalmente differenti nel loro significato complessivo.

Tra l'una e l'altra la vera discriminante è l'evento Cristo, già del non ancora.

7. *Ut civitas aedificata*: la donna-città nel 4 Esdra

Il 4 Esdra non è altro che la parte centrale e più consistente di una raccolta di scritti pervenuti sotto la paternità pseudoepigrafica dello scriba protagonista della ricostruzione postesilica, che corrisponde ai capitoli 3-14 della stessa. I due capitoli precedenti e i due successivi sono noti rispettivamente come quinto e sesto libro di Esdra ma non sono stati tramandati nelle versioni orientali perché rielaborazioni tardive di matrice cristiana di più antichi testi apocalittici.

Del 4 Esdra ci è pervenuta una versione latina integrale di una *vorlage* greca[69] che la tradizione testuale ha posto in appendice alla Vulgata[70]. La maggioranza dei commentatori, però, ritiene che l'opera sia stata scritta in ebraico o in aramaico[71].

Alternando dialoghi e visioni Esdra è destinatario di sette rivelazioni principalmente mediate dall'Angelo Uriele[72]: primo dialogo, 3,1-5,19; secondo dialogo, 5,20-6,34; terzo dialogo, 6,35-9,25; prima visione, 9,26-10,60; seconda visione, 11,1-12,51; terza visione, 13,1-57; quarta visione, 14,1-48[73]. La prima parte è, in realtà, una *qinah* sull'esperienza della cattività babilonese in contrappunto con la memoria del passato prospero vissuto da Israele nella sua terra. Retrodatazione e lettura tipologica sono elementi chiave degli scritti apocalittici per rappresentare una situazione presente su analogie con eventi centrali della storia del popolo eletto.

L'attacco del racconto è drammatico, il tono è oscuro. Chi legge ha come innanzi a sé il fumo dell'incendio con cui gli eserciti stranieri avevano distrutto il tempio. Da qui in levare il secondo dialogo è centrato sull'amore misericordioso di Dio per il suo

---

[69] Cf. P. MARRASSINI, *Quarto libro di Ezra. Introduzione*, in P. SACCHI (ed.), *Apocrifi dell'Antico Testamento*, II, UTET, Torino 1989, 237-280.

[70] La prima edizione critica scientifica del testo latino è quella di L. GRY (ed.), *Les dires prophétiques d'Esdras*, I-II, Geuthner, Paris 1938.

[71] Cf. M. PÉREZ FERNÁNDEZ, *Quarto libro di Esra: il mondo presente è destinato alla perdizione*, in G. ARANDA PÉREZ - F. GARCÍA MARTÍNEZ - M. PÉREZ FERNÁNDEZ (edd.), *Letteratura giudaica inter-testamentaria*, Paideia, Brescia 1998, 280-286.283.

[72] Cf. 4 Esdra 4,1-5,13; 5,31-6,34; 7,1-8,3.

[73] P. Marrassini cataloga le sette parti semplicemente come visioni, cf. *Quarto libro di Ezra. Testo*, in P. SACCHI (ed.), *Apocrifi dell'Antico Testamento*, II, UTET, Torino 1989, 293-377. In maniera più precisa M. Pérez Fernández parla di tre dialoghi, tre visioni e una rivelazione, cf. *Quarto libro di Esra*, 280.

popolo fino alla grande apertura escatologica della storia nella terza rivelazione verbale ricevuta da Esdra.

Le tre visioni successive seguono lo stesso andamento con molteplici richiami intertestuali alla letteratura veterotestamentaria di matrice teofanica o propriamente apocalittica. La prima, che è quella su cui si deve tornare, è centrata sull'incontro di Esdra con una donna in lutto per la morte del figlio unigenito avuto dopo trent'anni di matimonio e avvenuta nel giorno delle nozze di lui, la quale improvvisamente si trasforma in una maestosa città. La seconda visione sviluppa l'immaginario teriomorfo della quarta bestia danielica, l'aquila mostruosa qui metafora di Roma e del suo impero, insieme a quella del leone messianico che la sconfigge. Infine, v'è l'apparizione di una misteriosa figura che sorge dal mare e col fuoco della sua bocca distrugge la folla che lo assale. L'ispirazione al "simile a un figlio d'uomo" di Dn 7,13 in chiave individuale e messianica è generalmente ammessa ma deve fare i conti con problemi testuali, linguistici e interpretativi non del tutto risolti[74].

---

[74] La terza visione, come la prima, ha una parte descrittiva (cf. 4 Esdra 13,1-13) e una esplicativa (cf. 4 Esdra 13,25-52). Il problema dell'identificazione del personaggio centrale si presenta già nell'*incipit* del racconto, posto che in 4 Esdra 13,2-4 si registra una grande diversità delle diverse versioni, fra cui solo quella siriaca, con un'espressione che sembra ricalcare l'aramaico, riporta: «Uno come l'apparenza di un figlio d'uomo». Le traduzioni araba, armena ed etiopica al v. 3 riportano: «Qualcosa che fu la forma di un uomo», mentre la latina omette del tutto la prima parte del versetto riportandone solo la seconda: *Et vidi, et ecce convolascebat ipse homo cum nubibus caeli*: «guardai, ed ecco che quell'uomo volava assieme alle nubi del cielo» (riporto la traduzione di P. Marrassini, che citerò anche in seguito). In ogni caso è possibile leggere un riferimento all'immagine di Dn 7,13 nella menzione delle nuvole. La parte ermeneutica della visione presenta il tema del nascondimento di questa figura celeste fino alla sua manifestazione nei tempi escatologici: *Interpretationes visionis haec! Quia vidisti virum ascendentem de corde maris. Ipse est quem conservat altissimus multis temporibus, qui per semetipsum liberabit creaturam suam, et ipse disponet qui derelicti sunt*: «Questa è l'interpretazione della visione: poiché hai visto un uomo che saliva dal mare, egli è colui che l'Altissimo riserva da tanto tempo, attraverso il quale Egli darà la libertà a ciò che ha creato, mentre sarà Lui stesso a dare il nuovo ordine a coloro che sono rimasti» (4 Esdra 13,25-26). Secondo M.E. Stone anche questo riferimento al mare è mutuato dalla visione danielica, cf. M.E. STONE, *Fourth Ezra. A Commentary on the Book of Fourth Ezra*, Fortress Press, Minneapolis 1990, 383. Tuttavia, bisogna sottolineare che in Dn 7,3 a emergere dal mare non è il "Figlio dell'uomo" ma sono le quattro bestie. D'altra parte la sottolineatura della funzione giudiziale, sviluppata nell'immagine della guerra escatologica (cf. 4 Esdra 13,9-11), ci consente di accostare questo capitolo sia con Dn 7 sia con le parabole enochiche. 4 Esdra 13,32.37 in cui il personaggio è chiamato da Dio *filius meus*: «mio figlio», è, però, un'interpolazione cristiana che esplicita la prospettiva messianica all'interno della quale nella forma attuale del testo questa figura va letta. Pare dunque che l'interpretazione messianica della figura del "figlio dell'uomo" e la sua

Nell'ultima visione, che funge da appendice, è espressamente ripresa la rivelazione del roveto di Es 3 ma quale destinatario anziché Mosè c'è Esdra, per farne autorevole custode dei novantanove libri ispirati.

La presentazione della città è, dunque, inserita in un contesto chiaramente escatologico che la proietta sul piano dell'intervento finale di Dio nella storia. Tutto pare convergere nella duplice visione del Messia, il leone guerriero e il "figlio dell'uomo" giudice, e propriamente nel giudizio divino finale. Evidentemente, il mosaico tematico e simbolico apocalittico si è ormai definito e la città idealizzata ne fa pienamente parte. Qui essa ne è la prima preziosa tessera.

Ne scorro i tratti che ne connotano la declinazione specifica.

La visione della città è anticipata dall'annunzio della sua apparizione già nel terzo dialogo, in 4 Esdra 7,26, che insieme ai due versetti successivi sono una sorta di programma narrativo delle visioni successive: *Ecce enim tempus veniet, et erit quando venient signa quae praedixi tibi, et apparebit sponsa et apparescens civitas et ostendetur quae nunc subducitur terra*: «Ecco, infatti, che arriverà il tempo, e sarà quando verranno i segni che ti ho detto prima, la città ora nascosta apparirà, si mostrerà la terra che ora rimane celata»[75].

Il successivo racconto della prima visione è suddiviso in una parte narrativa (cf. 4 Esdra 9,26-10,28) e una ermeneutica (cf. 4 Esdra 10,29-60). La donna in lutto per la morte del figlio che "ha partorito con dolore" (cf. 4 Esdra 10,14) improvvisamente s'illumina e grida ad alta voce (cf. 4 Esdra 10,25-26), lasciando spazio all'apparizione di una grande città "edificata". La radice latina *aedificare* è presente in tre passi chiave del racconto a cominciare dalla primissima visione della metropoli: *civitas aedificabatur et locus demonstrabatur de fundamentis magnis*: «c'era una città

---

stessa presenza, originariamente oscure, siano state oggetto di esplicitazioni in fasi diverse di revisione del testo.

[75] Il passo: «la città ora nascosta apparirà», però è controverso. La versione latina, infatti, riporta: *et apparebit sponsa et apparescens civica*, lett.: «e apparirà la città che assomiglia a una sposa». Marrassini individua il possibile errore facendo riferimento alla confusione fra un ipotetico testo greco νῦν μὴ οὐ φαινομένη πόλις e la sua possibile ricostruzione del traduttore latino: νύμφη φαινομένη πόλις. Sulla stessa linea si pone D. S. RUSSELL, *L'apocalittica giudaica*, Paideia, Brescia 1991, 362. Probabilmente l'immagine della sposa proviene da un accostamento cristiano all'Apocalisse giovannea.

costruita, ed era visibile un luogo dalle poderose fondamenta» (4 Esdra 10,27). Essa torna nella parte esplicativa del racconto a identificare espressamente la città con Sion: *haec mulier quam vidisti haec est Sion, quam nunc conspicis ut civitatem aedificatam*: «quella donna che hai visto e che ora vedi come una città costruita, è Sion» (4 Esdra 10,44) e a evidenziarne l'origine divina: *nec enim poterat opus aedificii hominis sustinere in loco, ubi incipiebat Altissimi civitas ostendi*: «non avrebbe potuto rimanere un'opera di edificio umano nel luogo dove doveva essere ostesa la città dell'Altissimo» (4 Esdra 10,54). Se ne avrà risonanza nella seconda visione: *Sion autem veniet et ostendetur omnibus parata et aedificata, sicut vidisti montem sculpi sine manibus*: «Ma Sion verrà, e si rivelerà a tutti, approntata e costruita come quel monte che hai visto venire scolpito senza mani» (Esdra 13,26).

Non v'è una vera e propria descrizione della città se non per la sua lucentezza e le sue dimensioni che rinviano in sintesi alle tradizioni fondanti di Isaia e di Ezechiele: *sed ingredere et vide splendorem vel magnitudinem aedificii, quantum capax est tibi visu oculorum videre*: «entra e vedi – dice Uriele al veggente – lo splendore e la grandezza dell'edificio, per quanto la vista dei tuoi occhi sarà capace di vedere[76]» (4 Esdra 10,55).

Perno della presentazione della città è la sua "edificazione" acheropita con fondamenta invincibili, che evidentemente la contrappongono alla Gerusalemme storica vulnerabile e ormai lontanissima dallo stereotipo della capitale gloriosa.

La sovrapposizione fra la personificazione della madre in lutto e la città, più evidente peculiarità del racconto, proviene probabilmente dalle tradizioni isaiane e risulta centrale rispetto alla dimensione nuziale su cui comunque a più riprese il testo ritorna nei riferimenti agli sponsali del figlio e al marito della donna (cf. 4 Esdra 9,43;

[76] Il limite della percezione umana evidenzia ulteriormente la natura trascendente e l'origine divina della nuova Gerusalemme.

10,17[77]). Vi sono idee e linguaggi comuni fra il 4 Esdra e Isaia ma con esiti differenti sul piano della teologia e su quello dell'ecclesiologia.

L'intero libro è infarcito di problemi di teodicea e gli epiteti divini che vi si trovano compongono un quadro teologico che si muove nell'orizzonte della signoria universale di Dio: *Dominus Dominator* (cf. 4 Esdra 3,4; 4,38; 5,28; 5,38; 6,11; 7,15.58; 12,7), *Altissimus* (cf. 4 Esdra 9,28; 10,24.38.52.54.57.59), *Fortis* (cf. 4 Esdra 6,32; 9,45; 10,24; 12, 47). Il riferimento strutturante all'onnipotenza divina è, però, messo in relazione con quello alla misericordia del Dio d'Israele.

Questa duplice coordinata stabilisce i termini della presentazione della città e della visione ecclesiologica che essa veicola, modulandola innanzitutto sul dato base della sua elezione: *et ex omnibus aedificatis civitatibus sanctificasti tibimet ipsi Sion*: «di tutte le città costruite santificasti per Te stesso, Sion» (4 Esdra 5,25). In tal senso "santificare" indica semplicemente la messa a parte della città come fatto originante la sua identità, mentre la sua rappresentazione escatologica è significativamente indicata come *civitas Altissimi* in 4 Esdra 10,54, a dirne la relazione con la signoria incontrastata e incontestabile di Dio.

In effetti, l'apparizione della donna-città nel complesso pare speculare alla coordinata dell'onnipotenza divina, posto che Dio edifica la nuova Sion forte e invincibile, evidente dall'insistenza sulla saldezza della città ma corrispondente anche alla dimensione della misericordia di YHWH nella caratterizzazione affettiva dell'immaginario femminile facilmente riconducibile a motivi profetici, oltre che isaiani, oseani e geremiani. Ad ogni modo tale riabilitazione è certamente fondata sulla "santificazione" della città.

Ne deriva una prospettiva ecclesiologica basata sul concetto di elezione ma inserita nella grande prospettiva della teodicea del libro, proiettata nell'orizzonte escatologico dell'intervento salvifico di Dio. Si potrebbe dire che quella del 4 Esdra è

[77] In 4 Esdra 9,47-10,1 si trova anche un breve riferimento agli sponsali del figlio della donna, ma anche in questo caso è difficile determinare se si tratti di un dettaglio narrativo finalizzato alla drammatizzazione del racconto oppure si debba pensare a un significato specifico in relazione alle nozze messianiche. Bisogna comunque precisare che il figlio della donna è identificabile con il popolo.

un'ecclesiologia di ri-edificazione sul versante dell'alleanza, della fede e propriamente dell'identità di un popolo che non può più far riferimento al tempio e che proprio per questo rinuncia all'idea di una sua riproposizione fisica e storica. La sua distruzione, anzi, è intesa come propedeutica alla manifestazione della città dell'Altissimo (cf. 4 Esdra 10,54), riconducendola in tal modo in ultima istanza alla volontà salvifica di Dio.

Di tutto ciò la vicenda della donna-città che Esdra vede è "similitudine": *ecce vidisti similitudinem eius* (4 Esdra 10,49). Il termine greco che potrebbe corrispondervi e che probabilmente la versione latina traduce dalla sua *vorlage* è μεταφορά, trasferimento da un livello a un altro, qui dall'immagine alle sue implicanze di significato sulla teodicea, sulla teologia, sull'ecclesiologia di cui ho detto, e prima ancora su quello strutturale dell'escatologia che il 4 Esdra mostra nel suo passaggio a categorie propriamente metastoriche. Ve n'erano già palesi segnali nel complesso quadro del giudaismo precristiano, ma qui non pare di sentire né la voce dissidente di Qumran né quella proveniente dalla raffinata riflessione delle tradizioni enochiche tardive, quanto piuttosto l'annuncio di un "profeta" della comunità "ortodossa" ovvero del popolo legato alle istituzioni gerosolimitane che tenta di vedere oltre la tragedia della distruzione del tempio. Il come e il quando del suo avverarsi non è detto, poiché è lasciato definitivamente alla volontà di Dio. Israele ha finalmente imparato a non materializzare la promessa.

D'altra parte, però, v'è la consapevolezza che qualcosa resta a far da fondamento al percorso storico del popolo eletto: sono i libri ispirati, consegnati allo scriba Esdra nella visione conclusiva a sigillare nella sua interezza la rivelazione attestata in essi e, ora che è scomparsa la liturgia del tempio, a indicare come unico segno identificativo d'Israele il dono e l'ascolto della parola di YHWH.

8. La città sposa dell'Agnello nell'Apocalisse di Giovanni

Quella dell'Apocalisse è l'immagine della città santa più articolata e profonda. Ogni singolo aspetto è in realtà evocativo dell'intera rivelazione a Israele e della svolta in essa impressa dall'evento della Pasqua di Cristo. Il compiersi della storia vi ha il suo perno e vi trova significato, per cui solo l'Agnello "ritto come immolato" può aprire il rotolo sigillato con sette sigilli che Dio, assiso sul trono della sua onnipotenza, tiene saldamente nella destra.

In duplice contrappunto, con la città terrena e con il mito di Babilonia-prostituta, la poderosa rappresentazione della Gerusalemme celeste chiude la rivelazione a Giovanni delle "cose che devono accedere presto", ponendosi come apice e sintesi della profezia apocalittica contenuta nell'ultimo libro del canone. Tutto nel racconto vi converge.

8.1. La città terrena in Ap 11,1-2

Καὶ ἐδόθη μοι κάλαμος ὅμοιος ῥάβδῳ, λέγων· ἔγειρε καὶ μέτρησον τὸν ναὸν τοῦ θεοῦ καὶ τὸ θυσιαστήριον καὶ τοὺς προσκυνοῦντας ἐν αὐτῷ καὶ τὴν αὐλὴν τὴν ἔξωθεν τοῦ ναοῦ ἔκβαλε ἔξωθεν καὶ μὴ αὐτὴν μετρήσῃς, ὅτι ἐδόθη τοῖς ἔθνεσιν, καὶ τὴν πόλιν τὴν ἁγίαν πατήσουσιν μῆνας τεσσεράκοντα [καὶ] δύο: «E mi fu data una canna simile a una verga, dicendo: "Alzati e misura il santuario di Dio e l'altare e quanti si prostrano in esso, ma il cortile esterno del santuario tralascialo e non misurarlo, poiché è stato consegnato ai pagani e calpesteranno la città santa per quarantadue mesi"».

Se il significato della sezione delle trombe che si apre con il settimo sigillo è quello dell'annunzio dell'evento escatologico, Ap 10-11 collocano la profezia, presentata nel suo evento genetico d'incarico a Giovanni e nel paradigma della vicenda dei due testimoni-profeti, nel contesto di senso proprio del *pro-phemí*, "parlare per", "parlare prima" come avviso dell'evento ultimo della storia della salvezza e sua immediata preparazione.

Ap 10 e Ap 11,3ss. corrispondono a due scene saldate proprio dall'ambito semantico della profezia[78] ma al tempo stesso diversificate dai personaggi protagonisti, in Ap 10 unicamente l'Angelo e Giovanni mentre in Ap 11,3ss. i due profeti-testimoni e i loro uccisori. Ancor più evidente è la distinzione dei due brani in rapporto all'ambientazione spaziale. È in contesto celeste che appare l'Angelo possente per ordinare a Giovanni di cibarsi del "piccolo rotolo" e profetizzare alle nazioni, mentre in Ap 11,3ss. sono evocati luoghi terreni, città o loro parti. I due versetti iniziali di Ap 11 fungono da cerniera narrativa delle due scene, posto che la mansione affidata dall'Angelo a Giovanni (gli unici personaggi in azione sono ancora loro due) ha la sua diretta attuazione nella misurazione del santuario e delle sue parti. In immediata consequenzialità si ha la ripresa in sintesi dell'intero libro di Ezechiele, evocato nella sua visione inaugurale dell'incarico profetico tramite il comando di ingoiare il rotolo e in quella conclusiva per il rilievo architettonico del tempio.

Il passaggio da un brano all'altro, peraltro, è evidenziato da un semplice καί che mette sintatticamente in successione le due pericopi, mentre la conclusione del brano sfuma verso la vicenda dei due profeti-testimoni senza soluzione di continuità. Il passaggio può essere determinato in ragione del destinatario delle azioni descritte, prima direttamente Giovanni, poi, dal v. 3 i due profeti-testimoni: Καὶ δώσω τοῖς δυσὶν μάρτυσίν μου καὶ προφητεύσουσιν ἡμέρας χιλίας διακοσίας ἑξήκοντα περιβεβλημένοι σάκκους, lett.: «E darò ai due testimoni e profeteranno per milleduecentosessanta giorni, vestiti di sacco». L'oggetto del verbo "dare" rimane però sottinteso[79].

---

[78] L'ha ben evidenziato G. BIGUZZI, *Apocalisse*, Edizioni Paoline, Milano 2005, 216.

[79] Va colta la sequenza con προφητεύω, così da intenderlo come l'incarico di profetizzare: "e darò ai due testimoni di profetizzare" o lo si deve riferire al cortile esterno che è escluso dall'azione di Giovanni? Si tratta di una questione interpretativa aperta.

D'altra parte i riferimenti alla o a una città si prolungano anche nei vv. 3-11[80].

In sintesi ecco la struttura sintattica della breve pericope:

Introduzione, collegata all'episodio precedente dalla congiunzione iniziale.

I parte del comando, indicazioni in positivo

II parte del comando:

a. indicazioni in negativo, introdotte da καί avversativo;

b. motivazione del divieto, introdotta da ὅτι.

Dunque, la breve pericope si compone semplicemente di un'introduzione al v. 1a e di un comando dato a Giovanni ai vv. 1b-2 che inizia con due imperativi positivi, il primo al presente ἔγειρε, il secondo all'aoristo μέτρησον. La seconda parte dell'intervento prende avvio da un καί che introduce la parte negativa del comando, anch'esso espresso da due verbi, il primo al presente ἔκβαλε e il secondo all'aoristo μετρήσῃς, preceduto dalla particella negativa μή. L'ordine si prolunga nella motivazione della parte negativa.

Il v. 1 non ha soggetto espresso: ἐδόθη μοι κάλαμος ὅμοιος ῥάβδῳ λέγων: «mi fu data una canna simile a una verga». Che possa riferirsi all'Angelo piuttosto che alla voce celeste menzionata in Ap 10,4.8, cruccio dei commentatori, per me è irrilevante poiché l'uno e l'altra sono *cliché* teofanici. Il comando al profeta Giovanni viene da Dio e può esser detto dal suo Messaggero piuttosto che da una "voce" ovvero tramite l'espediente del passivo teologico[81].

Nella prima parte del comando è evidente l'adattamento dell'idea base dell'ultima visione di Ezechiele ma vi sono già diversità significative fra il brano apocalittico e la sua matrice.

Ezechiele, infatti, è unicamente spettatore della misurazione compiuta da una figura angelica celeste, mentre qui è Giovanni ad agire direttamente nel rilievo del tempio, cosicché il ruolo profetico sia assimilato a quello dell'Angelo. Che il profeta

---

[80] È possibile, comunque, che il capitolo contenga tradizioni separate messe insieme da Giovanni, cf. D.E. AUNE, *Revelation*, II, Dallas 1998, 593.

[81] Al v. 1 tra il sostantivo ῥάβδῳ e il participio λέγων, che è un calco dell'ebraico לֵאמֹר, alcuni manoscritti, fra cui il maggiore è א[2], aggiungono καὶ εἱστήκει ὁ ἄγγελος con evidente intento esplicativo estraneo al testo.

sia chiamato con questa qualifica non è una novità, posto che per sé il termine qualifica semplicemente colui che porta un messaggio facendo da mediatore fra un mittente e un destinatario. Qui non v'è la denominazione ma in Ap 22,16 Gesù presenta il suo ἄγγελος inviato alle Chiese e, a mio avviso, si tratta proprio di Giovanni[82].

L'oggetto della misurazione è triplice: il santuario, l'altare e gli adoratori.

Se i primi due termini sono identificativi della zona più interna del tempio, già ampiamente menzionata in Ezechiele, il terzo elemento è inedito. La misurazione assume surrealistica dimensione personale. Il riferimento del sintagma ἐν αὐτῷ, però, è di difficile individuazione, poiché potrebbe essere ragionevolmente il santuario ovvero l'altare come destinazione dell'adorazione, quasi che la preposizione ἐν debba intendersi come εἰς, "verso".

Più centrale nell'interpretazione del brano è chiarire se si tratti del tempio storico ovvero di quello celeste. David Aune presenta un breve passaggio sulle diverse posizioni, citando Theodor Zahn, Ernst Bernard Allo, Ernst Lohmeyer, Eduard Lohse, Heinz Giesen fra quelli che optano per la prima ipotesi e Charles Homer Giblin fra quelli che pensano si tratti del tempio celeste[83]. A mio avviso, però, si è dato eccessivo peso alla questione perché al termine della vicenda dei due profeti-testimoni Giovanni vede il santuario celeste e in esso l'arca. Essendovi un'indicazione evidente del ναός celeste a fine capitolo, quello citato in Ap 11,1-2 non può che essere il tempio terreno. Vi è, inoltre, il riferimento alla profanazione della città, incompatibile con l'instaurazione del santuario definitivo.

---

[82] Cf. E. SCHMITT, *Die Christologische Interpretation Als das Grundlegende der Apokalypse*, in «ThQ» 140 (1960) 257-290.262. Più recentemente questa identificazione è stata presentata nel commentario di A. MEN', *Leggendo l'Apocalisse*, Libreria Editrice Fiorentina, Firenze 2006, 157. Ne ho già esposto le motivazioni in *L'Angelo e Giovanni. Teologia, cristologia ed estetica nel libro dell'Apocalisse*, Cittadella, Assisi 2015, 447-451.

[83] Cf. D.E. AUNE, Revelation, II, 596. I testi citati sono esattamente: T. ZAHN, *Die Offenbarung des Johannes*, A. Deichert, Leipzig - Erlangen 1924, 421-422; E.B. ALLO, *Saint Jean. L'Apocalypse*, J. Gabalda, Paris 1921, 129; E. LOHMEYER, *Die Offenbarung des Johannes*, J.C.B. Mohr (Paul Siebeck), Tübingen 1953, 87; E. LOHSE, *Apocalisse*, Paideia, Brescia 1974, 64; C. H. GIESEN, *Die Offenbarung des Johannes*, Pustet, Regensburg 1997, 1997, 241; C.H. GIBLIN, *The Book of Revelation. The Open book of Prophecy*, The Liturgical Press, Collegeville 1991, 112.

Nella stessa direzione si colloca l'indicazione di non misurare il cortile esterno del tempio. Il καί che la introduce ha, come evidenziato, valenza avversativa, "ma"[84], indicando una contrapposizione con l'azione precedente ed è marcata dalla duplice ricorrenza dell'avverbio ἔξωθεν che sottolinea il contrasto tra l'interno del Santo dei Santi e ciò che è all'esterno. Infine, il verbo ἔκβαλε indica semplicemente il "tralasciare", come afferma Giancarlo Biguzzi contestando l'interprezione di André Feuillet che vi ravvede il significato originario di "gettare fuori con violenza", "scacciare", con riferimento metonimico ai Giudei espulsi dal regno di Dio[85].

Il divieto di misurazione del cortile esterno si pone come ulteriore diversificazione dal testo di Ezechiele, in cui esso rientrava a tutti gli effetti nella rilevazione della zona santa[86].

La motivazione è subito espressa, essendo introdotta da un ὅτι esplicativo: il cortile esterno è stato consegnato ai pagani[87]. Il passo pare raccogliere l'eredità della teodicea apocalittica giudaica che rifiuta di sottrarre la presa della città al controllo divino sulla storia, per cui Dio ha consegnato...e come conseguenza avverrà che le genti calpesteranno la città santa. Il verbo πατήσουσιν si trova in identico riferimento a Gerusalemme e analogo contesto apocalittico in Lc 21,24 e a essere evocati, lì come in Apocalisse, sono diversi testi profetici quali Is 63,18; Dn 8,10-13; Zc 12,3[88].

Il riferimento è alle due invasioni della città, quella babilonese e quella romana, ma il dato è soggetto a un processo di tipizzazione per cui perde le sue connotazioni circostanziali anche grazie all'uso del futuro piuttosto che del passato, come postulerebbe il richiamo a eventi già accaduti, per essere centrato sull'interpretazione teologica: la storia è nelle mani di Dio. In questo senso andrebbe letto il riferimento

---

[84] Cf. D.E. AUNE, *Revelation*, II, 578.
[85] Cf. G. BIGUZZI, *Apocalisse*, 218. Il riferimento è a A. FEUILLET, *Études johanniques*, Desclée, Paris-Bruges 1961, 250-252.
[86] Al v. 2 il P^{47} omette τὴν αὐλήν. Mi pare un intervento atto a collimare il testo con la matrice profetica di Ezechiele.
[87] Il soggetto è sottinteso ma ricavabile dalla concordanza del plurale del verbo con quello del sostantivo ἔθνεσιν.
[88] Cf. P. PRIGENT, *L'Apocalisse di S. Giovanni*, Borla, Roma 1985, 318.

temporale ai quarantadue mesi che, secondo un possibile rimando a Dn 7,25 e 12,7, indica un periodo di tempo definito, un passaggio verso l'attuarsi del piano salvifico.

Il processo di tipizzazione dei dati storici è ancor più evidente nella successiva menzione della città, in Ap 11,8: καὶ τὸ πτῶμα αὐτῶν ἐπὶ τῆς πλατείας τῆς πόλεως τῆς μεγάλης, ἥτις καλεῖται πνευματικῶς Σόδομα καὶ Αἴγυπτος, ὅπου καὶ ὁ κύριος αὐτῶν ἐσταυρώθη: «e i loro corpi[89] (furono esposti) nella piazza della grande città, che si chiama metaforicamente Sodoma ed Egitto, dove anche il loro Signore fu crocifisso».

La città, innanzitutto, è designata come "quella grande". L'Apocalisse torna a più riprese su questa connotazione a cominciare da Ap 16,19 in cui a seguito del versamento della settima coppa si verifica un terremoto che provoca la divisione della πόλις ἡ μεγάλη in tre parti. A seguire, in Ap 17,18; 18,16.18, la "grande città" è Babilonia, personificata nella prostituta che siede sulla bestia a dieci teste.

Sullo sfondo si colgono ancora possibili riferimenti all'AT, tra cui al libro profetico di Giona che a più riprese caratterizza in termini analoghi Ninive. In Gn 3,3 essa è addirittura עִיר־גְּדוֹלָה לֵאלֹהִים, lett.: «una città grande anche per Dio»[90]. Di fatto, però, la metropoli non ha richiami storici ben delineati e, anzi, il testo insiste su connotazioni volutamente generiche anche in merito alla figura del suo re e del suo popolo, proponendo perfino un disallineamento fra i dati storici e quelli letterari[91] a evidenziare il carattere paradigmatico di Ninive in ordine a tutti i potentati polico-amministrativi in opposizione alla volontà di Dio[92].

L'autore di Apocalisse, dunque, parlando della "grande città" in Ap 11,8 sta inserendo un dato metaforico, πνευματικῶς[93], che si esplicita nella successiva menzione del suo duplice nome, Sodoma ed Egitto, rispettivamente la città del

---

[89] Il riferimento è ai cadaveri dei due profeti-testimoni che, nel più totale disprezzo della dignità umana, sono esposti al pubblico ludibrio.

[90] Altrove Ninive è designata semplicemente come "la città quella grande" (cf. Gn 1,2; 3,2; 4,11).

[91] All'epoca di Giona figlio di Amittai, vissuto sotto Geroboamo II, Ninive non era ancora la capitale dell'impero Assiro.

[92] Cf. H.W. WOLFF, *Studi sul libro di Giona*, Paideia, Brescia 1982, 61-68.

[93] Biguzzi rende la parola con "pneumaticamente" ma si tratta semplicemente di un calco del testo greco, cf. *Apocalisse*, 211.

peccato per eccellenza e il luogo della schiavitù d'Israele. In ulteriore espressione tipologica, si dice che essa è il luogo in cui fu crocifisso il loro Signore, con chiaro riferimento a Gesù e al riconoscimento di Lui come Signore da parte dei due uccisi.

Con un effetto dissolvenza è come richiamata l'intera storia del peccato nella sua dimensione collettiva. L'autore è palesemente interessato a definire in tal modo il contesto negativo del ministero profetico dei due profeti ma in ultima istanza il riferimento alla crocifissione del Signore produce una sovrapposizione di senso fra la loro morte e quella del Cristo per aprire l'intera vicenda alla dimensione pasquale della risurrezione di Lui quale riabilitazione dei perseguitati.

Ap 11,1-2 va collegato anche alla conclusione della periocope che apre il trittico dei segni: Καὶ ἠνοίγη ὁ ναὸς τοῦ θεοῦ ὁ ἐν τῷ οὐρανῷ καὶ ὤφθη ἡ κιβωτὸς τῆς διαθήκης αὐτοῦ ἐν τῷ ναῷ αὐτοῦ, καὶ ἐγένοντο ἀστραπαὶ καὶ φωναὶ καὶ βρονταὶ καὶ σεισμὸς καὶ χάλαζα μεγάλη: «E fu aperto il santuario di Dio, quello (che è) nel cielo, e apparve l'arca della sua alleanza nel suo santuario. Allora ci furono fulmini, voci, tuoni, un terremoto e una potente grandinata». Il rapporto fra i due passi è evidenziato a livello linguistico dal termine ναός ma qui anziché l'altare si menziona l'arca dell'alleanza.

La relazione fra i testi rende palese la corrispondenza tra il santuario celeste e quello terreno, sviluppo escatologico delle tradizioni esodali sulla costruzione della tenda del convegno[94]. Ora finalmente il prototipo si manifesta agli occhi di un uomo. Tuttavia, questo svelamento pare essere ormai anche l'indicazione del definitivo superamento della realtà terrena, salvo il fatto che il santuario storico è stato oggetto di misurazione a garantire la validità della sua funzione nella storia d'Israele[95].

Nel complesso, però, l'idea della separazione fra santo e profano è portata alle estreme conseguenze, poiché la "città santa" è ormai calpestata e si fa addirittura memoria del fatto che essa è il luogo del peccato per eccellenza: l'uccisione del

[94] Questo dato è ricordato da diversi commentatori fra cui in maniera molto chiara da P. PRIGENT, *Apocalisse*, 346-347.
[95] Sono contrario a vedere nel tempio e nell'altare una metafora della comunità giudaica o cristiana, visto che l'elemento personale ed ecclesiale è espressamente citato a seguire.

Cristo. Nella dinamica del superamento, essa non è più espressamente l'oggetto della promessa dell'intervento divino. Quella che Giovanni vedrà alla fine della sua esperienza non sarà la Gerusalemme terrena rifondata ma una città "altra". Ne avrà il nome, ma portandone a compimento la connotazione della santità/appartenenza a Dio che la città storica non ha potuto raggiungere.

8.2. La città celeste

Fra le ostensioni di Babilonia, la città-prostituta, e della celeste Gerusalemme, la città-sposa, su cui è strutturata simmetricamente l'ultima sezione del libro v'è una sequenza d'immagini e temi per sé autonimi ma collegati al giudizio divino: l'avvento e la lotta del Cavaliere-Logos che abbatte le potenze demoniache, il regno millenario, il combattimento fra Gog e Magog, il giudizio dei popoli, la risurrezione. Si affastellano richiami ai motivi portanti dell'escatologia apocalittica e per quanto la sequenza risulti complessivamente forse troppo antologica e a tratti confusa, l'esito narrativo è potente. Appare la nuova creazione e in essa la città di Dio, cui sono dedicati per intero il capitolo 21 e i primi versetti di quello successivo.

Il tema si spezza in Ap 22,6. L'*incipit* di questo passo, καὶ εἶπέν μοι: «E disse a me», infatti, avvia un dialogo fra Giovanni e un locutore, forse l'*Angelus interpres*, forse il Cristo, che si riferisce all'interezza della rivelazione e determina il passaggio di genere letterario dalla narrazione della visione all'epilogo del libro. La congiunzione e la mancanza del soggetto espresso, però, se per un verso sono spie di un lavoro di revisione del testo, per un altro smorzano il passaggio da una pericope all'altra.

La grande visione conclusiva ha il suo perno nell'invito dell'Angelo a Giovanni: δεῦρο δείξω σοι: «Vieni, ti mostrerò...» con cui lo introduce alla visita della città, di modo che la pericope si possa suddividere in due momenti: Ap 21,1-8, la presentazione generale; Ap 21,9-22,5, la *descriptio* vera e proria.

Ognuna delle due scene ha una sua evoluzione interna. La prima si sviluppa in tre momenti: il v. 1, i cieli nuovi e la terra nuova; i vv. 2-4, l'annunzio della *katábasis* della città santa e la sua presentazione; i vv. 5-8, la visione e l'audizione dell'Assiso sul trono.

La seconda scena del racconto, oltre che dall'invito dell'Angelo, è introdotta dal trasferimento di Giovanni su un monte altissimo da cui vede la città nella sua interezza, prima di visitarla e descriverla dall'esterno (cf. Ap 21,12-21) e dall'interno (cf. Ap 22,1-5). Il passaggio fra le due fasi della *descriptio* è sottolineato dalla frase καὶ ἔδειξέν μοι: «e mi mostrò» che sebbene senza soggetto espresso va riferita all'Angelo.

8.2.1. La prima scena: la nuova creazione e la nuova città

In apertura alla visione dei cieli nuovi e della terra nuova si contrappone l'inciso sulla scomparsa del cielo, della terra di prima e del mare: Καὶ εἶδον οὐρανὸν καινὸν καὶ γῆν καινήν. ὁ γὰρ πρῶτος οὐρανὸς καὶ ἡ πρώτη γῆ ἀπῆλθαν καὶ ἡ θάλασσα οὐκ ἔστιν ἔτι: «E vidi un cielo nuovo e una terra nuova, infatti il cielo di prima e la terra di prima erano passati e il mare non c'è più».

Il passo si sovrappone tematicamente e linguisticamente alla versione dei LXX di Is 65,17: ἔσται γὰρ **ὁ οὐρανὸς καινὸς καὶ** ἡ γῆ **καινή** (חֲדָשִׁים וָאָרֶץ חֲדָשָׁה) καὶ οὐ μὴ μνησθῶσιν τῶν προτέρων οὐδ' οὐ μὴ ἐπέλθῃ αὐτῶν ἐπὶ τὴν καρδίαν: «Infatti, ci sarà il cielo nuovo e la terra nuova e non ricorderanno le cose di prima né più torneranno nel loro cuore» e di Is 66,22: ὃν τρόπον γὰρ **ὁ οὐρανὸς καινὸς καὶ** ἡ γῆ **καινή** (הַשָּׁמַיִם הַחֲדָשִׁים וְהָאָרֶץ הַחֲדָשָׁה) ἃ ἐγὼ ποιῶ μένει ἐνώπιόν μου λέγει κύριος οὕτως στήσεται τὸ σπέρμα ὑμῶν καὶ τὸ ὄνομα ὑμῶν: «Infatti, come il cielo nuovo e la terra nuova che io farò davanti a me - dice il Signore - così saranno stabili la vostra discendenza e il vostro nome».

Il binomio οὐρανὸν καινὸν καὶ γῆν καινήν che propriamente è un'endiadi indicante totalità, è un calco delle due ricorrenze isaiane. Tuttavia, nel Tritoisaia

(LXX) esso è retto da due verbi al futuro, ἔσται e ποιῶ, che rendono la costruzione ebraica הִנְנִי + participio nel primo passo e אֲנִי + participio nel secondo, mentre in Apocalisse il binomio è retto dall'indicativo aoristo, evidenziando un'azione puntuale. La differenza è sostanziale poiché implica che quanto è promesso dalla profezia isaiana, nell'Apocalisse è posto sotto gli occhi del veggente nel suo compiersi.

Dunque, cifra dell'escatologico che finalmente si manifesta è il "nuovo".

L'Apocalisse utilizza l'aggettivo καινός nove volte, riferendolo al nome del vincitore (cf. Ap 2,17) e del Cristo (cf. Ap 3,12), alla Gerusalemme celeste (cf. Ap 3,12; 21,2), al canto innalzato davanti all'Agnello (cf. Ap 5,9; 14,3) e applicandolo in senso olistico all'opera ultima di Dio: ἰδοὺ καινὰ ποιῶ πάντα: «Ecco faccio nuove tutte le cose» (Ap 21,5). Questa affermazione, solennissima, qualifica l'attuazione dell'escatologico non come processo di rinnovamento dal basso ma come prerogativa di Dio. L'immagine di totalità suggerita dall'endiadi cieli-terra ne indica la compiutezza e la sostituzione del vecchio mondo include, perciò, il totale annullamento delle sue espressioni negative, metaforicamente rappresentate dal mare[96]. Il dato è presentato addirittura come premessa allo stabilimento del nuovo-escatologico, posto che la seconda parte del versetto è introdotta da un γάρ esplicativo.

In questa apparizione cosmica Giovanni scorge la città escatologica: Καὶ τὴν πόλιν τὴν ἁγίαν Ἰερουσαλὴμ καινὴν εἶδον καταβαίνουσαν ἐκ τοῦ οὐρανοῦ ἀπὸ τοῦ θεοῦ ἡτοιμασμένην ὡς νύμφην κεκοσμημένην τῷ ἀνδρὶ αὐτῆς: «E vidi la città santa, Gerusalemme nuova che discende dal cielo, da Dio, pronta come sposa che si è preparata per il suo uomo».

L'uso dell'aggettivo καινή produce un effetto di focalizzazione dalla visione complessiva della creazione rinnovata alla città che ne è il centro.

[96] Il mare frequentemente nella tradizione biblica qualifica le potenze brute del male come se le può immaginare un popolo di terra, cf. *ib.*, 647.

L'elemento più innovativo in questa ripresa complessiva delle tradizioni sulla Gerusalemme ideale è la sottolineatura della sua origine divina attraverso il riferimento al suo movimento discensivo verso il veggente[97].

La preposizione ἐκ, infatti, ha principalmente valenza locale ma il Quarto Vangelo la utilizza anche con il verbo ἔρχομαι in riferimento all'origine divina del Rivelatore[98]. Analogo utilizzo ha ἀπό, compresa la sua applicazione giovannea a Gesù nelle parole di Nicodemo in Gv 3,2[99].

A questa duplice indicazione dell'origine della città è legata la sovrapposizione fra l'immaginario urbano e quello femminile specificato in termini sposali[100]. Nel racconto se ne ha duplice preparazione, per contrappunto nella visione del giudizio di Babilonia presentato ai capitoli diciassettesimo e diciottesimo, per prolessi in Ap 19, ove sono annunziate le nozze dell'Agnello e presentata la sua sposa già abbigliata con la veste nuziale.

Faccio qui necessarie divagazioni su queste due anticipazioni, cominciando dall'opposizione fra Gerusalemme-sposa e Babilonia-prostituta.

Nelle parole dell'Angelo ostensore in Ap 17,1 Babilonia è detta la "grande prostituta"[101]. La descrizione femminile, facendo uso a più riprese del termine γυνή, insiste su questo carattere in termini caricaturali: la donna è seduta su una bestia scarlatta (cf. Ap 17,3); lei stessa è vestita di porpora e scarlatto, adorna d'oro e pietre preziose (cf. Ap 17,4); secondo un uso diffuso al tempo ha scritto il suo nome sulla

---

[97] Trovo ben calibrato il commento di P. Prigent: «la città viene dal cielo ed è inviata da Dio. Non si può sottolineare meglio che non si tratta di una glorificazione, fosse pure idealizzata, della nostra realtà umana», *ib.*, 647-648.

[98] Cf. G. LÜDEMANN, ἐκ, in H. BALZ - G. SCHNEIDER (edd.), *Dizionario esegetico del Nuovo Testamento*, Paideia, Brescia 2004, 1070-1073.1072.

[99] Cf. G. SCHNEIDER, ἀπό, in H. BALZ - G. SCHNEIDER (edd.), *Dizionario esegetico del Nuovo Testamento*, Paideia, Brescia 2004, 330-333.332.

[100] Sull'argomento cf. G. CAMPBELL, *Anthitetical Feminine-Urban Imagery and a Tale of two Women-Cities in the Book of Revelation*, in «TynB» 55/1 (2004) 81-108.

[101] In Ap 17-18 l'ambito semantico della prostituzione è particolarmente corposo: τῆς πόρνης τῆς μεγάλης (Ap 17,1); ἐπόρνευσαν ἐκ τοῦ οἴνου τῆς πορνείας αὐτῆς (Ap 17,2); τὰ ἀκάθαρτα τῆς πορνείας αὐτῆς (Ap 17,4); ἡ μήτηρ τῶν πορνῶν (Ap 17,5); ἡ πόρνη κάθηται (Ap 17,15); μετ' αὐτῆς ἐπόρνευσαν (Ap 18,3); οἱ μετ' αὐτῆς πορνεύσαντες (Ap 18,9).

fronte (cf. Ap 17,5); è ebbra non di vino ma del sangue dei santi (cf. Ap 17,6) ed è una sorta di maga che seduce con le sue magie (cf. Ap 18,23).

Come prostituta è inserita in un ambito di relazioni lascive con gruppi di ricchi e di potenti: i re della terra (cf. Ap 17,2) su cui domina (cf. Ap 17,18) i quali hanno fornicato con lei (cf. Ap 18,3.9); i mercanti della terra (cf. Ap 18,3.11.15); i capitani di navi, i naviganti, i marinai, quanti trafficano sul mare (cf. Ap 18,16); i grandi della terra (cf. Ap 18,23). D'altra parte l'immaginario urbano si allarga a riferimenti geografici, porti e mari, a indicare la floridezza del sistema amministrativo e politico su cui la città domina.

Il doppio riferimento alla sfrenatezza e alla ricchezza della donna come anche a un organismo complesso e strutturato di commerci e potentati contrasta nettamente con la situazione della prostituta-Babilonia a seguito del giudizio divino. L'intero capitolo diciottesimo è in sé una riproposizione di tradizioni profetiche veterotestamentarie ove Babilonia, oltre ad avere un riferimento storico ben preciso, diventa paradigma di ogni sistema umano e sociale contrapposto alla volontà divina. In sostanza, l'Apocalisse eredita dall'AT, rielaborandolo, sia l'armamentario simbolico sia la tendenza alla tipizzazione degli elementi, cosicché per Ap 17-18 è evidente un riferimento concreto all'impero romano, com'è sottolineato dalla maggioranza dei commentatori[102], ma orientato a una formulazione emblematica. La trama del macroracconto e il vocabolario concorrono a evidenziare in maniera nettissima l'antitesi fra l'identità dell'immagine della città-sposa e quella della città-prostituta, dunque del sistema socio-politico imperiale che essa rappresenta.

Per altro verso, dicevo, v'è l'annunzio prolettico delle nozze dell'Agnello di Ap 19,7, collegato con l'apparizione della sposa-città sia per la simbologia sia per la parola-gancio ἑτοιμάζω, essendovi, però, diversità nei sostantivi utilizzati per qualificare la metafora femminile, posto che nel primo passo è utilizzato γυνή e non νύμφη come in Ap 21,2: ἡ γυνὴ αὐτοῦ ἡτοίμασεν ἑαυτήν, lett.: «La sua donna si è preparata».

[102] Su questa interpretazione insiste particolarmente E. SCHÜSSLER FIORENZA, *Apocalisse*, 119-124.

Nell'intera narrazione della visione celeste e nell'epilogo del libro il gioco di equilibri fra le due parole è molto sottile.

Con γυνή in Ap 12 s'indicava la Partoriente minacciata dal drago, metafora ecclesiale contrassegnata dall'identità messianica del Bambino dato alla luce e dalla sofferenza persecutoria.

I due termini si trovano insieme in Ap 21,9, con νύμφη in apposizione a γυνή, mentre in Ap 22,17 è utilizzato solo il primo dei due sostantivi in relazione con la menzione dello Spirito per introdurre l'invocazione della venuta-parusia del Cristo, esito della lettura della rivelazione giovannea: Καὶ τὸ πνεῦμα καὶ ἡ νύμφη λέγουσιν ἔρχου: «E lo Spirito e la Sposa dicono: "Vieni"».

Vi rintraccio il dinamismo che porta alla maturazione del popolo di Dio verso la sua identità escatologica, innestata nel vissuto storico contrassegnato dall'evento cristologico[103]. L'uso dei tempi verbali nelle ricorrenze di ἑτοιμάζω ne è chiara espressione, giacché l'aoristo di Ap 19,7 può indicare un'azione nel suo accedere puntuale mentre il participio perfetto una situazione ormai definita e permanente.

Pertanto, νύμφη è termine che nel contesto del macroracconto specifica in termini nuziali γυνή, per sé focalizzatore dell'immaginario femminile, utilizzato in continuità simbolica tra la Partoriente e la città-sposa e in discontinuità oppositiva tra la città-prostituta e la città-sposa.

A mo' di didascalia, ai vv. 3-4, alla presentazione visiva della città segue quella verbale: καὶ ἤκουσα φωνῆς μεγάλης ἐκ τοῦ θρόνου λεγούσης· ἰδοὺ ἡ σκηνὴ τοῦ θεοῦ μετὰ τῶν ἀνθρώπων, καὶ σκηνώσει μετ' αὐτῶν, καὶ αὐτοὶ λαοὶ αὐτοῦ ἔσονται, καὶ αὐτὸς ὁ θεὸς μετ' αὐτῶν ἔσται καὶ ἐξαλείψει πᾶν δάκρυον ἐκ τῶν ὀφθαλμῶν αὐτῶν, καὶ ὁ θάνατος οὐκ ἔσται ἔτι οὔτε πένθος οὔτε κραυγὴ οὔτε πόνος οὐκ ἔσται ἔτι, ὅτι τὰ πρῶτα ἀπῆλθαν: «E sentii una voce potente dal cielo che diceva: "Ecco la tenda di

---

[103] Di un "dinamismo della preparazione" ha ampiamente parlato U. Vanni, basandosi sull'alternanzia dei due termini in questione, cf. *L'Apocalisse. Ermeneutica, esegesi e teologia*, EDB, Bologna 1988, 387. Sulla stessa linea si pongono L. PEDROLI, *Dal fidanzamento alla nuzialità escatologica*, Cittadella, Assisi 2007, 162 e C. DOGLIO, *Il Primogenito dei morti. La risurrezione di Cristo e dei cristiani nell'Apocalisse di Giovanni*, EDB, Bologna 2005, 327.

Dio con gli uomini e dimorerà con loro. Essi saranno suoi popoli ed egli sarà Dio con loro e asciugherà ogni lacrima dai loro occhi e la morte non ci sarà più, né ci sarà più lutto né lamento né dolore perché le cose di prima sono passate"».

Inultile chiedersi se queste parole siano pronunciate da Dio ovvero da un altro locutore. La voce potente proveniente dal trono è ancora un *cliché* teofanico che qui introduce il breve florilegio scritturistico costituito dalla successione di citazioni e allusioni a profezie anticotestamentarie. La prima di esse proviene da Ez 37,27 e 48,35, che a sua volta si regge sulle tradizioni esodali legate alla costruzione della tenda del convegno, specie Es 25,8-22 e 36,8-34. Segue la formula di alleanza di varia reminiscenza profetica, trovandosi tra l'altro in Ger 24,7; Ez 11,20; Zc 8,8, ma con la significativa variazione del singolare nel plurale λαοί[104]. Richard Bauckham osserva che il termine è utilizzato in senso tecnico, cioè per indicare il popolo eletto, ma la variazione di numero combina particolarismo e universalismo nell'orizzonte della salvezza escatologica[105].

Se la prima parte del florilegio indica l'identità della città come la vera tenda dell'incontro di Dio con gli uomini estendendo la formula dell'alleanza a tutte le nazioni, la seconda, il v. 4, rileggendo Is 25,8, come pure 35,10 e 65,19, insiste sui benefici che ne scaturiscono[106]. In modo analogo alla presentazione della creazione nuova ora sono elencati i tratti negativi dell'esistenza che saranno definitivamente eliminati: Dio asciugherà le lacrime e non ci saranno morte, lutto, lamento, travaglio.

Il florilegio, dunque, presenta la città come luogo della comunione piena fra Dio e l'umanità, ormai finalmente liberata dal segno più eloquente della rottura del rapporto fra la creatura e il Creatore, che è la morte nei suoi molteplici aspetti. Chiara è l'apertura universalistica dell'annuncio di cui l'inserimento del plurale λαοί nella formula di alleanza era felice premessa.

Ora Gerusalemme povrà finalmente essere la città di tutti.

---

[104] Anziché λαοί alcuni manoscritti secondari riportano il singolare λαός. Oltre alla migliore testimonianza del plurale, esso si pone come *lectio difficilior* e va mantenuto.
[105] Cf. R. BAUCKHAM, *The Climax of Prophecy. Studies on the Book of Revelation*, T & T Clark, Edinburgh 1993, 310-312.
[106] Cf. G. BIGUZZI, *Apocalisse*, 352.

La didascalia è seguita da un lungo intervento verbale pronunciato espressamente dall'Assiso sul trono, Ap 21, 5-8, e suddiviso in tre parti da brevi frasi introduttive.

Prima parte, Ap 21,5a: Καὶ εἶπεν ὁ καθήμενος ἐπὶ τῷ θρόνῳ, Ἰδού, πάντα καινὰ ποιω: «E Colui che era assiso sul trono disse: "Ecco, sto facendo nuove tutte le cose"».

Seconda parte, Ap 21,5b: Καὶ λέγει μοι, Γράψον· ὅτι οὗτοι οἱ λόγοι ἀληθινοὶ καὶ πιστοί εἰσιν: «E dice a me: "Scrivi, poiché queste parole sono veritiere e degne di fede"».

Terza parte, Ap 21,6-8: Καὶ εἶπέν μοι, Γέγονα· ἐγώ τὸ Ἄλφα καὶ τὸ Ὦ, ἡ ἀρχὴ καὶ τὸ τέλος. Ἐγὼ τῷ διψῶντι δώσω ἐκ τῆς πηγῆς τοῦ ὕδατος τῆς ζωῆς δωρεάν. Ὁ νικῶν κληρονομήσει ταῦτα, καὶ ἔσομαι αὐτῷ θεός, καὶ αὐτὸς ἔσται μοι υἱός. Τοῖς δὲ δειλοῖς καὶ ἀπίστοις καὶ ἁμαρτωλοῖς καὶ ἐβδελυγμένοις καὶ φονεῦσιν καὶ πόρνοις καὶ φαρμάκοις καὶ εἰδωλολάτραις, καὶ πᾶσιν τοῖς ψευδέσιν, τὸ μέρος αὐτῶν ἐν τῇ λίμνῃ τῇ καιομένῃ πυρὶ καὶ θείῳ, ὅ ἐστιν ὁ θάνατος ὁ δεύτερος: «Ancora mi disse: "Sono compiute. Io l'Alfa e l'Omega, il principio e la fine. Io all'assetato gratuitamente darò dalla fonte dell'acqua viva. Il vincitore erediterà queste cose e sarò per lui Dio ed egli sarà mio figlio. Ma per i codardi, per gli increduli, per i peccatori, per gli abominevoli, per gli omicidi, per i fornicatori, per i maghi, per gli idolatri e per tutti i menzogneri la loro parte sarà nello stagno ardente di fuoco e zolfo, che è la seconda morte"».

Il primo segmento dell'intervento divino sigilla l'azione escatologica di Dio nella sua sovrana volontà. Introdotta dall'interiezione epidittica ἰδού, per sé imperativo aoristo attivo di ὁράω, "guarda", da cui "ecco", la frase riprende l'inizio della pericope sintetizzando l'ediadi cielo-terra con l'aggettivo πάντα e con il passaggio dalla terza alla prima persona in modo da esplicitare il soggetto. Dio attribuisce a se stesso l'opera escatologia col verbo indicativo presente ποιῶ, lett. "sto facendo", probabilmente per indicarne l'attualità: ormai l'escatologico si avvera.

A Giovanni compete mettere per iscritto tutto ciò. L'inclusione con il comando dato dal Risorto al principio della rivelazione indica la conclusione, la più autorevole possibile, del processo di scrittura della rivelazione come elemento qualificante proprio della sua trasmissione profetica.

È dato che fa parte della sensibilità apocalittica. Se ne può dedurre la volontà di sottolineare la definitività del messaggio, la sua incancellabilità, ma anche il processo di canonizzazione del racconto nella sua interezza e il suo inserimento nel complesso delle Scritture profetiche, di cui sono prove proprio la caratterizzazione del libro come profezia (cf. Ap 1,3; 22,10.18) e il modo in cui vengono ripresi i testi dell'AT.

Vi sono, però, alcune difficoltà interpretative.

L'iniziale ὅτι può avere valenza dichiarativa e dunque non essere tradotto, ovvero esplicativa, "perché", "poiché". Ad ogni modo il plurale λόγοι indica il contenuto della rivelazione in sé, nella sua molteplicità e articolazione.

I due aggettivi che qualificano "le parole" che Giovanni deve mettere per iscritto, in Apocalisse fanno parte di una rete linguistica che qualifica l'affidabilità del Rivelatore e conseguentemente della rivelazione[107] e che ora sono messe direttamente in rapporto perfino con il libro in cui la rivelazione è mediata[108].

---

[107] La prima è fondamento dell'altra per la dinamica propria della trasmissione di un messaggio, per cui la sua attendibilità e la sua affidabilità derivano dalla credibilità di colui che è alla fonte della catena di comunicazione, ma anche di chi ne è latore come messaggero incaricato e autorizzato.

[108] Per sé πιστός, che si trova ben 67 volte nel NT, significa "fedele", "fidato" oppure "credente". In sostanza il significato oscilla tra l'indicazione di chi o di ciò che è oggetto di fede per le sue qualità e chi presta fede in qualcuno o in qualcosa. È usato nel primo senso, ad esempio, nella parabola sinottica dell'amministratore infedele in Mt 24,45 o Lc 12,42 e in positivo in rapporto all'evangelizzatore affidabile in 1 Cor 4,2. In Ap 2,10 l'aggettivo è riferito al "martire" Antipa, con evidenza di analogia nel significato. Egli è affidabile perché ha testimoniato la sua adesione alla fede in Cristo fino alla morte. 1 Cor 1,9, Eb 10,23, 1 Gv 1,9, 1 Pt 4,19 riferiscono questa qualità a Dio. Quando l'affidabilità è predicata di cose nel NT è detta in particolare delle affermazioni che si fanno in relazione all'annuncio. Così in 1 Tim 3,1; 2 Tim 2,11; Tit 3,8 si trova il lemma πιστὸς ὁ λόγος, con cui gli autori confermano espressamente quanto stanno esprimendo. Se ne deduce una funzione stereotipata che si può applicare anche ai passi apocalittici in questione. L'aggettivo è meno diffuso con la valenza di "credente", cf. Sap 3,9; Sir 1,14; Gv 20,27; At 16,15; 1 Tim 4,3, cf. G. BARTH, πιστός, in H. BALZ - G. SCHNEIDER (edd.), *Dizionario esegetico del Nuovo Testamento*, Paideia, Brescia 2004, 957-959.959. L'aggettivo ἀληθινός, che appartiene all'ambito semantico definito dal verbo ἀληθεύω, dal sostantivo ἀλήθεια, dall'aggettivo ἀληθής e dall'avverbio ἀληθῶς, è a sua volta indicativo di colui o di ciò che è veritiero, perciò affidabile e credibile. L'AT (LXX) lo applica a Dio nella cosiddetta "formula di grazia" in corrispondenza dell'ebraico אֱמֶת. L'aggettivo

In riferimento al Rivelatore si vedano il saluto iniziale del Cristo in Ap 1,5: ἀπὸ Ἰησοῦ Χριστοῦ, ὁ μάρτυς, ὁ πιστός: «da Gesù Cristo, il testimone, il fedele», l'analoga presentazione all'inizio del messaggio alla Chiesa di Laodicea in Ap 3,14: Τάδε λέγει ὁ ἀμήν, ὁ μάρτυς ὁ πιστὸς καὶ ἀληθινός, ἡ ἀρχὴ τῆς κτίσεως τοῦ θεοῦ: «Così parla l'Amen, il testimone, il fedele e verace, il Principio della creazione di Dio» e la definizione del Cavaliere-Logos in Ap 19,11 come: πιστὸς καὶ ἀληθινός: «fedele e veritiero». Si tratta, dunque, di una duplice qualificazione del Cristo nella sua azione escatologica di giudice e di portatore della rivelazione definitiva di Dio sulla storia.

Sul piano del contenuto del libro il rapporto fra λόγοι e l'aggettivo ἀληθινοί è espresso già in Ap 19,10, mentre quello con il binomio si trova nell'identica formulazione di Ap 22,6: οὗτοι οἱ λόγοι πιστοὶ καὶ ἀληθινοί: «queste sono le parole affidabili e veritiere». Rispetto alla prima ricorrenza v'è un crescendo, sia per l'aggiunta del secondo aggettivo sia soprattutto per la variazione del locutore, che non è più l'Angelo-guida ma Dio stesso.

Più complessa è la questione di Ap 22,6, per la difficoltà di definire l'identità del soggetto che pronuncia la frase[109].

Quel che emerge è che in Ap 21,5 l'affidabilità delle parole che Giovanni deve scrivere è riferita al compimento escatologico in sé e, dunque, in definitiva alla manifestazione del suo aspetto centrale nella Gerusalemme celeste.

Il terzo segmento dell'intervento divino è molto più ampio. Esso prende avvio dall'affermazione perentoria γέγοναν: «sono compiute», perfetto con valenza di adempimento, che ha il suo antecedente in Ap 16,17. Lì si trova, però, il singolare γέγονεν, riferendosi direttamente alla settima coppa. La differenza secondo Biguzzi

---

è applicato anche a Giobbe (cf. Gb 1,1.8; 2,3). Nel NT esso è meno diffuso, trovandosi però in due passi del Quarto Vangelo con differente riferimento. In Gv 4,37 è presente per avvalorare il detto: ἄλλος ἐστὶν ὁ σπείρων καὶ ἄλλος ὁ θερίζων: «Altro è chi semina da chi miete», mentre in Gv 7,28 è utilizzato in un intervento verbale di Gesù per dare autorevolezza teologica alla sua missione: ἀλλ' ἔστιν ἀληθινὸς ὁ πέμψας με: «Ma Colui che mi ha mandato è veritiero».

[109] Per me si tratta dell'Angelo rivelatore per eccellenza che è il Cristo. Tuttavia, il testo è frutto di una complessa genesi che non lo rende perfettamente intelligibile.

evidenzia un crescendo in senso quantitativo perché il singolare si riferirebbe unicamente al versamento dell'ultima fiala, mentre il plurale al compimento escatologico annunziato nei versetti precedenti[110]. Posto che le due ricorrenze includono tutta la sezione del compimento, a mio avviso, la differenza è piuttosto di carattere qualitativo. Nel primo caso a parlare è il settimo Angelo delle coppe e il suo intervento suona come l'avvio dell'intervento escatologico di Dio nel suo dispiegarsi agli occhi di Giovanni. Dunque, pur con il perfetto, si trattava di un annunzio prolettico complessivo di cui ora finalmente Dio stesso indica il compimento, ormai svelato al veggente.

Dopo questa lapidaria affermazione l'intervento divino si evolve inizialmente in un'espressione autorivelativa.

Della formula teologica qui basta evocare il retroterra biblico e giudaico che nell'uso del pronome enfatico di prima persona singolare ha variamente elaborato la rivelazione del Nome a Mosè nell'episodio del roveto (cf. Es 3,14). Il riferimento più immediato si trova ancora nella tradizione isaiana, particolarmente in Is 44,6 e 48,12[111].

I termini del merisma che qualificano la formula autorivelativa sono analoghi. Nel primo dei due passi: אֲנִי רִאשׁוֹן וַאֲנִי אַחֲרוֹן: «Io sono primo e io ultimo», nella traduzione dei LXX: ἐγὼ πρῶτος καὶ ἐγὼ μετὰ ταῦτα: «Io sono il primo e io sono dopo queste cose», nel secondo: אֲנִי־הוּא אֲנִי רִאשׁוֹן אַף אֲנִי אַחֲרוֹן: «Io sono YHWH, io sono il primo e io sono l'ultimo» in greco: ἐγώ εἰμι πρῶτος καὶ ἐγώ εἰμι εἰς τὸν αἰῶνα: «Io sono primo e io sono per sempre».

Vi è, però, rilevantissima differenza contestuale. Nel Deuteroisaia l'affermazione teologica qualifica autorevolmente l'annuncio dell'intervento divino risolutivo della situazione oppressiva del popolo in ambito propriamente storico, mentre l'Apocalisse utilizza la formula autorivelativa sul piano metastorico. Lì si tratta di affemare

---

[110] Cf. G. BIGUZZI, *Apocalisse*, 353.

[111] Per la dipendenza del merisma πρῶτος-ἔσχατος dai due passi profetici cf. R. BAUCKHAM, *Teologia dell'Apocalisse*, Paideia, Brescia 1994, 74; X. PICAZA IBARRONDO, *Apocalisse*, Borla, Roma 2001, 51; P. PRIGENT, *Apocalisse*, 60.

l'unicità del Dio d'Israele per il popolo eletto posto in mezzo alle nazioni, qui di attestare la sovranità universale di Dio in rapporto al compimento escatologico.

In Ap 21,6 attraverso l'iterazione e l'ampliamento del predicato τὸ ἄλφα καὶ τὸ ὦ che già si trovava nella prima formula teologica di Ap 1,8 si sottolinea la capacità di Dio di condurre a compimento la storia, sancendo l'attuazione dell'opera escatologica divina e dando autorità all'annunzio dei vv. 6b-8, che in positivo e in negativo ne specifica le ricadute sul piano antropologico ed ecclesiale.

La parte positiva, il v. 6b, è formulata al singolare. Si parla dell'assetato che sarà dissetato e del vincitore che erediterà ταῦτα, «queste cose», fino alla ri-formulazione in termini personali e diretti della formula di alleanza, muovendosi ancora su allusioni molteplici alle Scritture veterotestamentarie: Is 55,1 per la simbologia dell'acqua, 2 Sam 7,14 per la formula di alleanza. Quest'ultimo è un passo messianico-regale, almeno nella sua interpretazione tardogiudaica[112]. Sullo sfondo vi è l'idea di partecipazione alle prerogative cristologiche che si muove sul livello universale annunciato dai precedenti riferimenti ai destinatari dell'alleanza escatologica, cioè oltre l'esperienza specifica della comunità israelita, ma al contempo sul piano personale.

L'intervento sanzionatorio è basato su una lista di peccatori. Nell'epilogo tornerà analogo elenco degli estromessi dalla promessa escatologica. La sequenza è introdotta da un δέ avversativo e composta da otto elementi, l'ultimo dei quali, però, a motivo dell'aggettivo πᾶς, potrebbe avere valore riassuntivo dei sette precedenti[113].

---

[112] Il rapporto fra vincitore e promessa messianica era già presente nel messaggio alla Chiesa di Tiatira: Καὶ ὁ νικῶν καὶ ὁ τηρῶν ἄχρι τέλους τὰ ἔργα μου, δώσω αὐτῷ ἐξουσίαν ἐπὶ τῶν ἐθνῶ καὶ ποιμανεῖ αὐτοὺς ἐν ῥάβδῳ σιδηρᾷ ὡς τὰ σκεύη τὰ κεραμικὰ συντρίβεται ὡς κἀγὼ εἴληφα παρὰ τοῦ πατρός μου, καὶ δώσω αὐτῷ τὸν ἀστέρα τὸν πρωϊνόν: «Al vincitore, a chi custodirà fino alla fine le mie opere, darò potestà sulle nazioni, le pascolerà con scettro di ferro, (le) frangerà come vasi di terracotta. (Così) come anch'io l'ho ricevuta dal Padre mio, a lui darò la stella mattutina». Il riferimento allo scettro di ferro del pastore è ripreso direttamente dal Sal 2,7-9, testo cui l'autore fa più volte riferimento all'interno del libro. Per una completa trattazione sull'assunzione del Sal 2 in chiave messianica nel libro dell'Apocalisse cf. O. PISANO, *La radice e la stirpe di David. Salmi davidici nel libro dell'Apocalisse*, Editrice Pontificia Università Gregoriana, Roma 2002, 231-335.

[113] Cf. G. BIGUZZI, *Apocalisse*, 353.

Nell'epilogo la lista è collocata dopo la beatitudine riservata a quelli che "lavano le loro vesti"[114]. Il contrappunto con la sorte dei peccatori non convertiti è ancora più esplicito che in Ap 21, posto che all'aggettivo μακάριοι di Ap 22,14 si contrappone l'avverbio ἔξω, "fuori", utilizzato nel versetto successivo.

Le due liste sono importanti nella comprensione dell'idea di convivenza che sarà presentata nella descrizione della città poiché vi è chi non potrà accedervi né considerarsi parte della comunità. Si tratta di categorie etiche, con cui s'insiste sulla responsabilità personale davanti all'azione di Dio e su una polarità non più collocata sul livello cosmico o mitologico, come ampiamente attestato nelle tradizioni apocalittiche e nello stesso racconto giovanneo, ma su quello antropologico, colto in tutta la sua varietà di sfaccettature. Di fatto la questione era già stata centrata nei messaggi alle Chiese.

Dunque, complessivamente il discorso divino contestualizza la presentazione della città in una sorta di spazio ri-creato insistendo per un verso sulla sua provenienza divina per un altro sul senso di responsabilità personale nella partecipazione al dono escatologico. Una volta definite queste coordinate ermeneutiche può prendere avvio la visita alla città.

8.2.2. La seconda scena: la visita alla città

Il viaggio di Giovanni giunge al compimento ma il luogo designato, ἐπ' ὄρος μέγα καὶ ὑψηλόν: «su un monte maestoso e alto», è più un motivo teofanico che uno spazio geografico determinato. D'altra parte il verbo ἀποφέρω (ἀπήνεγκεν) letteralmente indica il "portar via". Dunque esso definisce una sorta di rapimento, che però è specificato in ordine a una dimensione non fisica: ἐν πνεύματι: «in spirito».

A dire il vero il lemma, che si trova anche in Ap 1,10; 4,2 e 17,3, è di difficilissima interpretazione. Non lo si può intendere in senso teologico, attribuendo

---

[114] La lista di Ap 22,16 è in parte sovrapponibile a quella di 21,8: οἱ κύνες καὶ οἱ φάρμακοι καὶ οἱ πόρνοι καὶ οἱ φονεῖς καὶ οἱ εἰδωλολάτραι καὶ πᾶς φιλῶν καὶ ποιῶν ψεῦδος: «i cani, i fattucchieri, gli impudichi, gli omicidi, gli idolatri e chiunque ami e pratichi la menzogna».

allo Spirito di Dio il trasferimento di Giovanni sul monte altissimo, poiché il soggetto, si diceva l'Angelo, è già espresso. "In spirito" ha piuttosto valenza antropologica e indica più semplicemente la condizione personale di Giovanni durante la recezione della rivelazione. Nella sua forma base, in Ap 1,10, il lemma è retto da γίνομαι ('Εγενόμην ἐν πνεύματι) indicativo di un cambiamento nello stato personale del veggente adeguato alle tappe della rivelazione che gli è concessa[115]. Paradossalmente il "divenire in spirito" è preludio al continuo riferimento alla percezione sensoriale di Giovanni, ma l'ossimoro appare l'unico strumento linguistico capace di esprimere il rapporto personale del veggente con l'ineffabilità delle realtà rivelate.

Ad ogni modo prima della "visione", la città è ri-presentata verbalmente come τὴν γυναῖκα τὴν νύμφην τοῦ ἀρνίου: «la sposa, donna dell'Agnello». La costruzione sintattica consente di riferire il genitivo a entrambi i termini, evidenziandone l'interscambiabilità. Pertanto, si tratta di un pleonasmo atto a dire che il "modulo" della nuova e definitiva Gerusalemme è la sponsalità, cui va ricondotto ogni tratto specifico della sua descrizione[116].

Dall'esterno all'interno il viaggio di Giovanni nella città è un percorso nella bellezza assoluta delle sue mura, delle sue pietre, delle sue strade.

La città è splendida, circonfusa di luce e luminosa essa stessa per la profusione dei materiali preziosissimi di cui è costruita ma soprattutto per l'irradiazione della Gloria di Dio che vi dimora e dell'Agnello che è la sua lampada. Sullo sfondo si riconosce ancora la tradizione isaiana e la sua rilettura in Tobia.

Le dimensioni della nuova Gerusalemme sono grandiose. Articolando il simbolismo aritmetico del dodici con quello del mille sull'altezza, sulla larghezza e

---

[115] Cf. L.C. McGaughy, *The verb* ΓΙΝΟΜΑΙ *in New Testament Greek. A descriptive analysis*, in «Forum» 2 (1999) 281-287.285-287

[116] Agli elementi che compongono la *descriptio* sono dedicati numerosissimi studi, cf. M. Del Alamo, *Las Medidas de la Jerusalèn celeste (Apoc. 21,16)*, in «CuBi» 3 (1964) 136-138; T.F. Glasson, *The Order of Jewels in Revelation 21,19-20. A theory Eliminated*, in «JThSt» 26 (1975) 95-100; J.A. Du Rand, *The Imagery of the Heavenly Jerusalem (Revelation 21,9-22,5)*, in «Neotest» 27 (1993) 299-311; F. Fava, *La Jérusalem nouvelle. Une symphonie architecturale*, in «Christus» 42 (1995) 173-179; O.M. Topham, *The Dimensions of the New Jerusalem*, in «ET» 100 (1989) 417-419.

sulla profondità è determinata la forma cubica della città, a suo modo indice di perfezione per essere ogni lato del cubo identico agli altri, ma anche di un luogo capace di accogliere tutti i redenti. Lo annuncia già la relazione dello spazio urbano con lo spazio cosmico data dalle mura di cinta rivolte verso i quattro punti cardinali. Qui ricompare il criterio descrittivo geometrico di Ezechiele, variamente reinterpretato nelle tradizioni tardogiudaiche. Il riferimento numerico esprime il dato ecclesiologico soggiacente all'immagine anche in relazione alla rilettura di due elementi tradizionali, cioè l'associazione delle porte ai nomi dei capotribù d'Israele e quella dei basamenti agli Apostoli, già presente in Ef 2,19-20.

Più genericamente le fondamenta della città celeste sono menzionate dalla lettera agli Ebrei che, riferendo ad Abramo l'attesa della sua visione, esplicita per via argomentativa l'origine divina della nuova Gerusalemme: ἐξεδέχετο γὰρ τὴν τοὺς θεμελίους ἔχουσαν πόλιν ἧς τεχνίτης καὶ δημιουργὸς ὁ θεός: «(Egli) infatti attendeva la città che ha le fondamenta di cui architetto e costruttore è Dio» (Eb 11,10)[117]. La città è pensata da Dio da sempre e preparata fin dalla creazione del mondo[118]. Escatologia e protologia s'incronciano nella rilettura della storia patriarcale in ordine al vero compimento delle promesse non in una dimensione storico-terrena definita ma nella meta finale dell'intera vicenda umana.

Dunque, in Apocalisse nell'indicazione "capovolta", per cui ciò che cronologicamente viene dopo è fondamento di ciò che è antecedente, è svelata la radice dell'ordine salvifico nuovo ma da sempre preparato, che compie l'attesa apocalittica delle tribù d'Israele restaurate nei tempi finali[119]. Il paradosso della

[117] L'agiografo torna sul tema al v. 16 dello stesso capitolo: νῦν δὲ κρείττονος ὀρέγονται, τοῦτ' ἔστιν ἐπουρανίου. διὸ οὐκ ἐπαισχύνεται αὐτοὺς ὁ θεὸς θεὸς ἐπικαλεῖσθαι αὐτῶν· ἡτοίμασεν γὰρ αὐτοῖς πόλιν: «Ora, però, (i patriarchi) aspiravano a una migliore, che è quella celeste. Poiché Dio non si vergogna di chiamarsi loro Dio, dato che ha preparato per loro una città» e ancora in Eb 12,22 riferendosi a Gerusalemme come "città del Dio vivente Gerusalemme celeste" e infine in Eb 13,14 a definirla in contrappunto con la città terrena: οὐ γὰρ ἔχομεν ὧδε μένουσαν πόλιν ἀλλὰ τὴν μέλλουσαν ἐπιζητοῦμεν: «Infatti, non abbiamo qui una città stabile ma cerchiamo quella che sta per venire».

[118] Cf. H.W. ATTRIDGE, *La lettera agli Ebrei. Commento storico esegetico*, Libreria Editrice Vaticana, Città del Vaticano 1999, 534.

[119] Per questa concezione e i principali testi biblici e apocalittici di riferimento, cf. D.E. AUNE, *Revelation*, III, 1155-1156.

descriptio giovannea a riguardo presenta l'ordine escatologico come al tempo stesso protologico, svelando il senso originario dall'elezione d'Israele nel vangelo e nell'opera di Cristo di cui gli Apostoli sono stati primissimi portatori.

Oltre a questa dimensione percettiva "verticale", ipotizzando che il fiume fuoriesca dal centro della città, si riscontra un movimento che parte dall'interno e raggiunge l'esterno. L'immagine del fiume è legata alla portata universalistica della visione.

Ritorno a Bauckham che ravvisa nell'uso di τὰ ἔθνη nell'Apocalisse[120] valenze sia negative sia positive e che nelle ricorrenze di Ap 21,24.26 rileva l'idea isaiana delle nazioni che si recano in pellegrinaggio a Gerusalemme per adorare YHWH, evidenziando la piena accessibilità della città[121]. La presenza di questi riferimenti con quello alla guarigione dei popoli favorisce la lettura del termine in Ap 22,2 sulla linea del riferimento alle nazioni pagane che sono raggiunte dall'azione salvifica, com'è suggerito proprio dall'immagine del fiume che scorre dal trono di Dio e dell'Agnello e dal riferimento alle foglie dell'albero che sanano le nazioni.

Alla menzione del fiume è unita anche l'indicazione cronologica che sembrerebbe far riferimento a una sorta di dilatazione del tempo della percezione, scandito dalla cura di Dio offerta ai popoli, sottolineando, dunque, sia sul piano spaziale sia su quello temporale l'universalità della salvezza, annunziata dalla formula di alleanza modificata con λαοί.

Tutto è coerente con la tecnica compositiva dell'agiografo-iconografo, che scrive transignifando le tradizioni biblico-apocalittiche nell'innovazione della sua prospettiva ecclesiologica e, prima ancora, teologica.

L'inedito emerge, però, principalmente nel rapporto fra la città e il tempio. In Ap 21,22 in negativo e in positivo è prima detta l'assenza del santuario fisico e a seguire

---

[120] Cf. Ap 2,26; 11,2.18; 16,19; 19,15; 20,3.8; 21,24.26; 22,2. Inoltre R. Bauckham segnala le presenze in Ap 12,4; 14,8; 15,4; 18,3.23, dove si trova il sintagma πάντα τὰ ἔθνη, in Ap 5,9, dove è inserito nella formula πάσης φυλῆς καὶ γλώσσης καὶ λαοῦ καὶ ἔθνους: «da ogni tribù, lingua, popolo e nazione», e in Ap 7,9; 10,11; 11,9; 13,7; 14,6; 17,15, in cui è attestato in formulazioni analoghe a quelle di Ap 5,9, cf. *The Climax of Prophecy*, 241.

[121] Cf. B.R. ROSSING, *The Choice between Two Cities. Whore, Bride and Empire in the Apocalypse*, Trinity Press International, Harrisburg 1999, 154.

immediatamente l'affermazione che il *ναός* della nuova città è il Signore Dio e l'Agnello-Messia.

Certamente il rapporto più chiaro è con Ap 11 e il suo riferimento alla misurazione del santuario terreno, per cui, pur nel rispetto della validità del culto ebraico e delle sue istituzioni, è qui annunziato un ordine radicalmente nuovo nel rapporto fra l'uomo e Dio, centrato sul Cristo e sulla sua Pasqua. Esso non ammette ulteriori separazioni fra sacro e profano, poiché Dio e l'Agnello insieme si pongono in relazione immediata con l'umanità redenta accolta nella città escatologica.

In questo fulcro della *descriptio* v'è in tutta pienezza il senso della sovrapposizione così marcata dal testo fra l'immaginario urbano e quello femminile della sposa, quali metafore di relazione, l'una sul piano comunitario l'altra su quello della reciprocità teologico-cristologica con l'esperienza ecclesiale.

Non è da escludere che nell'identificazione del tempio con Dio e l'Agnello possa aver inciso la rilettura delle strutture del culto ebraico in rapporto alla loro personalizzazione-identificazione nel Cristo operata nel Quarto Vangelo.

In Apocalisse il dato è teologicamente centrato e posto come elemento basilare di una visione ecclesiologica estesa universalmente e inclusiva della storia d'Israele. La città non è soltanto l'ovile ove le pecore sono poste al sicuro per sempre, come nell'Apocalisse degli Animali, ma la sposa, luogo, cioè, di relazione profonda e reciproca fra Dio, l'Agnello e i redenti che la abitano.

Da qui la Chiesa si dice cattolica.

Sguardo finale all'iconostasi

Una volta saccheggiati dai Babilonesi il tempio e Gerusalemme, nasce per Israele l'esigenza di interpretare il fallimento della sua storia. Com'è potuto accadere che il popolo che YHWH ha liberato dalla schiavitù d'Egitto ha perso la sua terra e ha dovuto assistere alla distruzione del santuario, segno eminente della sua elezione?

Il Deuteronomista dà la sua interpretazione fondandola sul criterio della disobbedienza a YHWH perpetuata soprattutto in seno alle istituzioni politiche, religiose e giuridiche, che già era stata a più riprese denunciata dai profeti. L'adagio «fece male agli occhi del Signore» che ricorre a mo' di ritornello a chiusura delle vicende legate alla reggenza di diversi sovrani, ne sancisce di volta in volta in termini negativi il giudizio sul piano teologico ed etico e nel complesso determina una visione profondamente pessimista del percorso storico d'Israele dall'ingresso nella terra promessa fino alle due deportazioni in Babilonia, passando per la disfatta di Samaria. È, dunque, perché la sua è stata una storia di peccato che il popolo è tornato in schiavitù, annullando di fatto l'esperienza genetica dell'esodo.

A Babilonia, però, come fenice dalle sue ceneri nasce il sogno della riedificazione di Gerusalemme e del suo santuario. Ezechiele prima e il Deuteroisaia dopo, con sensibilità diverse, l'una imbevuta di ritualismo sacerdotale eppure fortemente creativa sul piano dei contenuti e della narrazione visionaria, l'altra caratterizzata da profonda espressività poetica, formano la matrice del grande tema della città ricostruita con il suo tempio, trasfigurata in bellezza e in grandezza senza pari. Il profeta isaiano la immagina rilucente d'oro, di pietre e di gemme preziosissime, Ezechiele fissa lo sguardo sul suo santuario e le sue iperboliche dimensioni riconoscendone il segno del ristabilimento del culto autentico.

Per l'uno e per l'altro si tratta della necessaria motivazione al ritorno nella terra promessa, nuovo esodo ed esperienza di ricostruzione identitaria del popolo eletto.

Se Ezechiele e l'anonimo profeta di Is 40-55 vi sono arrivati per vie diverse a entrambi è comunque chiaro che la vecchia Gerusalemme col suo sistema religioso, politico e amministrativo ha fallito e che, dunque, YHWH stesso sarà l'architetto e costruttore della sua città.

Le premesse del nuovo modulo della città e del tempio acheropiti sono ormai poste perfino nella formulazione del linguaggio immaginifico che lo veicola. Grandezza iperbolica, splendore, preziosità dei materiali di costruzione, infatti, sono elementi che si ritroveranno nelle variazioni sul tema per secoli, fino e oltre il NT.

Sarà innanzitutto la scuola isaiana a darne nuove formulazioni all'interno del terzo libro di Isaia.

A unificare l'antica e la nuova variazione sul tema della città santa nella tradizione isaiana è la visione di Gerusalemme quale luogo di pellegrinaggio in cui, per il Deuteroisaia, si conclude il nuovo esodo d'Israele al termine della cattività babilonese e dove, per il Trito-Isaia, giungono le nazioni straniere. Questa seconda versione isaiana, però, non implica una vera e propria apertura universalistica della salvezza, giacché il tema soggiacente è piuttosto quello della sottomissione degli stranieri al popolo "diverso" e "separato" che è stato e rimane solo Israele.

Sulla descrizione della città torna, con analogie con i fondamenti profetici, l'autore del libro di Tobia che fa della sorte di Gerusalemme l'orizzonte ermeneutico della vicenda del giusto tribolato, rappresentato nei protagonisti del racconto: Tobi, Tobia e Sara.

Nella letteratura intertestamentaria il modulo è riformulato a più riprese nella tradizione enochica, in quella qumranica ovvero pre-qumranica e nel 4 Esdra.

La variazione sul tema presente nel Libro dei Sogni colloca l'apparizione della nuova Gerusalemme sostitutiva della vecchia nella sezione conclusiva dedicata al giudizio escatologico, fra l'annunzio della condanna degli empi e quello della salvezza dei giusti. È l'idea dell'onnipotenza di Dio a reggere il corso degli eventi e a condurre l'umanità e Israele davanti al suo giudizio insindacabile. Gerusalemme si pone come luogo di raccolta di tutte le pecore giuste e in tal modo per la prima volta più che la descrizione fisica (o metafisica) della sua ricostruzione è marcata la dimensione personale. Vi ho rintracciato ulteriore rilettura e risignificazione di matrici veterotestamentarie, espressamente dell'immagine teologica del Pastore e di quella ecclesiologica del gregge. Permane, però, la convinzione che Gerusalemme debba essere uno spazio dalle porte chiuse, così come appariva in ultimo il tempio di Ezechiele dopo l'ingresso della Gloria di YHWH. Certamente una comunità d'identità giudaica, forse di origine maccabaica, vi ha visto il suo orientamento alla salvezza, ravvisando nella promessa della città acheropita il compimento della propria vicenda. L'orizzonte è propriamente escatologico, a differenza dei testi canonici in cui si ha tutta l'impressione che gli agiografi abbiano interpretato speranze e progetti comunque collocati sul piano storico.

Il Rotolo del Tempio e l'opera nota come "Nuova Gerusalemme" palesano un marchio settario qumranico o pre-qumranico e certamente hanno avuto un ruolo significativo nella definizione dell'identità di una comunità che si contrappone alle istituzioni gerosolimitane. L'istanza di fondo di queste opere è nettamente diversa rispetto ai testi profetici esilici e post-esilici, perché non vi si paventa l'idea di una ricostruzione della città dopo la sua distruzione ma di una sorta di correzione del sistema istituzionale che è già in atto all'interno della comunità (o delle comunità) in cui queste opere hanno visto la luce.

Rispetto alla "Nuova Gerusalemme", il Rotolo del Tempio è più fedele alla matrice biblica, specie a Ezechiele, assumendone la tipologia descrittiva e amplificando le misure del santuario. D'altra parte è pure presente il rapporto fra nuovo santuario e nuova liturgia, palesando la pretesa di rinnovamento insita nelle sue prescrizioni.

A sua volta "Nuova Gerusalemme", rispetto al Rotolo del Tempio che pure la evidenzia, presenta una maggiore tendenza a inculturare il linguaggio nel contesto ellenistico al punto che la città è edificata sulla base dei criteri urbanistici ippodamei di amplissima diffusione nel mondo greco-romano. Le implicanze sul piano teologico e su quello ecclesiologico sono rilevanti. Il paradigma architettonico, infatti, reinterpreta il modulo profetico di Ezechiele sulla base del fatto che la dimora divina è posta fra le case, a indicare uno *status* di prossimità fra Dio e la comunità.

In entrambi i casi, però, YHWH rimane il Dio di pochi e lo schema urbanistico adottato è indice di un modello comunitario elitario o comunque legato alla pretesa di una separazione purista e moralista dalle istituzioni gerosolimitane. Anche Ezechiele conosceva tale antinomia ma l'aveva proposta in senso eminentemente teologico: l'impurità è questione d'idolatria sia nel senso di sincretismo religioso sia nella poca considerazione della presenza di YHWH in mezzo al suo popolo. Ne derivava la necessità di un'azione di purificazione con cui Dio ristabilisce la relazione con il suo popolo. Nella "Nuova Gerusalemme", all'inverso, la prossimità delle case al tempio è colto come la radice dell'esperienza comunitaria del gruppo qumranico, al prezzo, però, di un rigorismo etico a suo modo iperbolico.

V'è ancora l'esperienza del 4 Esdra, testo tardogiudaico contemporaneo all'Apocalisse giovannea. Una nuova drammatica invasione della città è avvenuta, quella da parte dei Romani che nel 70 d.C. distrussero definitivamente il tempio. Il fatto ha profonde analogie con la presa della capitale da parte dei Babilonesi che di conseguenza ne costituisce il modello interpretativo attraverso il ricorso alla finzione letteraria della pseudoepigrafia e della retrodatazione del racconto. La declinazione escatologica del tema è evidente e l'apparizione della città nella prima della sequenza di tre visioni è la premessa ai temi che sviluppano la prospettiva sugli eventi ultimi.

La narrazione pare evocare l'immaginario isaiano della città sposa e madre, nella logica di un ribaltamento in salvezza della condizione di lutto e desolazione in cui essa versa. Tra dichiarazioni della signoria divina e attestazioni della sua compassione misericordiosa, la prospettiva ecclesiologica che emerge è quella di una comunità che vuole rileggersi alla luce della speranza realisticamente senza, cioè, riferimenti diretti a una ricostruzione storica dell'istituzione cultuale. Il progetto ecclesiale nella sua concretizzazione storica in tensione verso l'orizzonte escatologico poggia piuttosto sul riferimento esclusivo ai libri ispirati rivelati e consegnati a Esdra.

La definitività della distruzione del tempio è colta anche dall'autore cristiano dell'Apocalisse giovannea, ma il modulo teologico ed ecclesiologico in quest'ultima grande rappresentazione biblica della città rispetto alle tradizioni ebraico-giudaiche ha ben altra discriminate nella cristologia. Nell'Apocalisse degli Animali e nel 4 Esdra il Messia è personaggio escatologico risolutivo del piano divino sul suo popolo e sulle nazioni, eppure è semplicemente accostato all'immagine idealizzata della Gerusalemme definitiva. L'Apocalisse, invece, colloca il Cristo-Agnello dentro la città insieme a Dio, sullo stesso trono.

Lo spazio condiviso è la grande rivoluzione copernicana sul tema, direttamente conseguente all'innovazione teologica protocristiana imperniata sullo *status* divino del Cristo, glorificato e adorato insieme al *Theós*.

Il modulo ecclesiologico speculare è sviluppato in duplice coordinata, la prospettiva escatologia inaugurata dalla Pasqua dell'Agnello quale evento salvifico definitivo e l'avverarsi in pienezza della dimensione relazionale Dio-Cristo-popolo-nazioni. Sul primo asse si pone la rilettura unitaria e compatta della storia e delle scritture che si riflette sullo stile dell'agiografo, costantemente teso all'evocazione linguistica e simbolica dei testi biblici quale portatore della profezia definitiva. Sul secondo poggia la ripresa della convergenza isaiana dell'immaginario urbano con quello femminile della sposa a dire l'esperienza ecclesiale aperta universalisticamente dalla relazione nuziale di Cristo con la Chiesa.

Espressione della centratura teologica del dato è la duplice attestazione dell'origine della città in Ap 21,2.9: essa scende dal cielo ed è donata da Dio. Giovanni non la raggiunge immediatamente, la vede innanzitutto nella sua *katábasis* graziosa dopo il giudizio definitivo sulle potenze del male. Non v'è altro dopo la visione della città. Propriamente essa è il contenuto centrale dell'agire escatologico di Dio.

Alla Chiesa di Filadelfia, il Risorto aveva affidato la promessa del nome della nuova Gerusalemme, indicandola come orizzonte in cui leggere e costruire il suo vissuto contrassegnato dalla tribolazione. L'immagine è già evocata esattamente nella sua connotazione graziosa: «Scriverò su di lui (il vincitore) il nome del mio Dio e il nome della città del mio Dio, la nuova Gerusalemme, quella che discende dal cielo, dal mio Dio e il mio Nome nuovo» (Ap 3,12).

Giungendo al culmine della rivelazione le attese sono addirittura superate. La bellezza della città è oltre il prevedibile e l'immagine pare racchiudere e amplificare tutte le sue precedenti rappresentazioni. Luminosità, trasparenza, preziosità nella forma perfetta del cubo. Il tempio non c'è più e in essa è direttamente attingibile la presenza di Dio e del Cristo-Sposo che ne sono il vero santuario. Le porte sono e rimangono aperte. Il fiume fuoriesce dalla città e raggiunge i popoli.

In Apocalisse il progetto ecclesiale è *via pulchritudinis*.

Chiesa come progetto, appendice pertinente

In rapporto speculare all'*incipit* su luoghi liturgici e modelli ecclesiologici, trovo l'istanza dell'adeguamento degli spazi per la celebrazione postulata dal rinnovamento dei modelli ecclesiologici, sempre in atto. Testimone diretto del Concilo Vaticano II, Crispino Valenziano ne ha offerto profondissima lettura nel suo *Liturgia Chiesa in corso d'opera* del 2008, interpretandone "le difficoltà e le progettazioni"[122]. Vi ho trovato l'illuminante citazione dell'omelia di Paolo VI, tenuta il 28 ottobre 1965 a commemorazione del settimo anniversario dell'elezione papale di Giovanni XXIII: «Siete accorsi per percepire che la Chiesa vive, anzi per attribuirle vita più intensa, per costatare non gli anni della sua vecchiaia ma l'energia giovanile della sua vitalità, per stabilire un rapporto nuovo tra il tempo che fugge, oggi con travolgente accelerazione, e l'opera del Cristo che è la Chiesa, senza storicismi, senza relativismi, davanti alle mode aliene dalla permanente natura della Chiesa quale il Cristo l'ha stabilita e la sua tradizione autentica ha perfezionato...Sforzo perfettivo che nient'altro è se non un atto di amore a Cristo Signore suo Sposo...nella virtù che lo Spirito Santo ci infonde...per promuovere nella grande famiglia di Dio che è la Chiesa l'incremento costruttivo adeguato alla sua edificazione non ancora compiuta»[123]. A me pare intrigantissima questa inferenza della questione degli adeguamenti liturgici delle chiese con il rinnovamento della Chiesa (e delle Chiese) attinente alla sua natura di "edificio" non ancora compiuto, e l'ispirazione iniziale di questo libretto mi torna in inclusione, esplicitandosi nella sua dimensione dinamica di innovazione su ciò che la storia ci ha consegnato.

Nelle parole del Papa riformatore ritrovo termini e concetti ricorrenti in queste otto riflessioni, l'allusione alla crisi della Chiesa nella contemporaneità dai mutamenti travolgenti, lo sguardo verso il futuro oltre ogni tentazione di staticità e di chiusura, la metafora architettonica dell'edificio in costruzione, lo Sposo, lo Spirito...

---

[122] Così è formulato il titolo dell'ultimo paragrafo dell'opera, cf. C. VALENZIANO, *Liturgia Chiesa in corso d'opera*, Edizioni Liturgiche, Roma 2008, 236-240.
[123] *Ib.*, 236.

V'è il respiro profetico di quei giorni che proprio il binomio Sposo-Spirito mi suggerisce ispirato dall'Apocalisse giovannea e dall'anelito alla parusia del Signore con cui essa chiude l'intera rivelazione biblica.

Anche oggi si scrive di progetti e di prospettive ecclesiali. Spesso lo si fa con competenze antropologiche, sociologiche, filosofiche, psicologiche...ma non sempre con altrettanta attitudine alle Sante Scritture, alla liturgia, alla sapientissima letteratura patristica. La diffusione di progetti pastorali per questa o quella comunità ecclesiale è tale da aver ormai definito un genere letterario a sé stante. Eppure raramente in questi testi si ritrova la passione del profeta, che pure non potrebbe mancare nella lettura della crisi del cristianesimo attuale per guardare oltre le secche in cui pare essersi incastrata la "barchetta" del Signore. Non mancano le intuizioni progettuali, manca la percezione della Chiesa come progetto. Da qui, nonostante l'assortimento di competenze, la difficoltà di tanti ad accettare l'idea stessa del rinnovamento ecclesiale nelle sue diverse declinazioni, di annunzio, di liturgia, di arte, di pastorale, di carismi e ministeri...e in conseguenza necessaria anche di strutture istituzionali.

Gli "antichi" la pensavano in altra maniera.

Non tutti i progetti ecclesiali immaginati nell'antologia di testi che ho presentato sono allineabili, anzi fra essi vi sono evidenti difformità. Tuttavia v'è convergenza su un dato basilare: l'immaginazione della città e del tempio ideali nasce in contesti di crisi e di necessaria ri-definizione identitaria di una determinata comunità credente. Dunque, l'impatto con la storia segnata tragicamente dalla distruzione del tempio di Gerusalemme ovvero dalla divisione dalle sue istituzioni, dà consapevolezza della necessità di sognare un progetto.

Metaforicamente la città e il santuario fatti da Dio implicano che il modulo persistente è propriamente teologico e da lì antropologico ed ecclesiologico. Le dimensioni sovrumane, la bellezza sfolgorante ne sono espressioni iconografiche.

Nell'esperienza della crisi quelle comunità anziché sulla povertà dei loro mezzi si sono misurate su Dio, percependosi come suo progetto *in fieri*.

Il "modulo" teologico ha fornito le strumentazioni per l'escatologico quale definizione del modello ecclesiologico autenticamente biblico e, dunque, propriamente normativo. Da questo dato colgo ancora più chiaramente che l'essere Chiesa è progetto di comunità orientata dall'azione e all'azione escatologica di Dio.

Trovo nell'Apocalisse giovannea la naturale conclusione di questo viaggio tra le immagini della città santa, sia per la collocazione cronologica sia per la natura del testo che si pone espressamente a sigillo della rivelazione biblica. Chiesa come progetto lì significa comunione universalmente inclusiva nella sua radice teologica e cristologica, in chiave di relazione né giuridica né concettuale ma di sponsalità che in Cristo è svelata e offerta.

Lo Spirito lo annunzia alle Chiese in ascolto, sospingendole al desiderio del Veniente già Venuto e a me pare, finalmente, che criterio di autenticità di una progettazione ecclesiale sia il suscitare nella comunità credente l'invocazione: «Vieni, Signore Gesù».

Bibliografia

1. Fonti: edizioni critiche e traduzioni da lingua antiche

FUSELLA L., *Enoc. Testo*, in SACCHI P. (ed.), *Apocrifi dell'Antico Testamento*, I, UTET, Torino 1981, 467-667.

GRY L. (ed.), *Les dires prophétiques d'Esdras*, I-II, Geuthner, Paris 1938.

GARCÍA MARTÍNEZ F., *Testi di Qumran*, Paideia, Brescia 1996.

GARCÍA MARTÍNEZ F., *Qumran Cave 11*, DJD XXIII, Clarendon Press, Oxford 1998, 357-410.

MARRASSINI P., *Quarto libro di Ezra. Testo*, in SACCHI P. (ed.), *Apocrifi dell'Antico Testamento*, II, UTET, Torino 1989, 293-377.

MILIK J.T., *Qumran Cave I*, DJD I, Clarendon Press, Oxford 1955.

MILIK J.T., *Les "Petites grottes" de Qumrân*, DJD III, Clarendon Press, Oxford 1962.

QIMRON E. - GARCÍA MARTÍNEZ F., *The Temple Scroll. A Critical Edition with Extensive Reconstrutions*, Ben-Gurion University of the Negev Press, Beer-Sheva - Jerusalem 1996.

VIVIAN A., *Il Rotolo del Tempio*, Paideia, Brescia 1990.

YADIN Y., *Megillat hammiqdash - The Temple Scroll*, Hebrew Edition, Jerusalem 1977.

2. Commentari e monografie

ALLO E.B., *Saint Jean. L'Apocalypse*, J. Gabalda, Paris 1921.

ALONSO SCHÖKEL L.- SICRE DIAZ J.L., *I profeti*, Borla, Roma 1996[3].

ANTONISSEN H., *Some Aspects of New Jerusalem*, in HILHORST A. - PUECH E. - TIGCHELAAR E. (edd.), *Flores Florentino. Dead Sea Scrolls and Other Early Jewish Studies in Honour of Florentino García Martínez*, Brill, Leiden 2007, 239-255.

ASURMENDI J.M. - CAMPOS SANTIAGO J. - GONZÀLEZ LAMADRID A. - NAVARRO PUERTO M. - PASTOR JULIÀN V. - SÀNCHEZ CARO J.-M., *Storia, Narrativa, Apocalittica*, Paideia, Brescia 2003.

ATTRIDGE H.W., *La lettera agli Ebrei. Commento storico esegetico*, Libreria Editrice Vaticana, Città del Vaticano 1999.

AUNE D.E., *Revelation*, I-III, Word Books, Dallas 1997-1998.

BARTH G., πιστός, in BALZ H. - SCHNEIDER G. (edd.), *Dizionario esegetico del Nuovo Testamento*, Paideia, Brescia 2004, 957-959.

BAUCKHAM R., *The Climax of Prophecy. Studies on the Book of Revelation*, T & T Clark, Edinburgh 1993.

BAUCKHAM R., *Teologia dell'Apocalisse*, Paideia, Brescia 1994.

BEYER K., *Die aramäischen Texte vom Toten Meer: Ergänzungsband*, Vandenhoeck & Ruprecht, Göttingen 1984.

BIGUZZI G., *Apocalisse*, Edizioni Paoline, Milano 2005.

BLENKINSOPP J., *Ezechiele*, Claudiana, Torino 2006.

BOCCACCINI G., *E se l'essenismo fosse il movimento enochiano? Una nuova ipotesi circa il rapporto tra Qumran e gli esseni*, in «Ricerche Storico Bibliche» 9/2 (1997) 49-67.

BOESIGER W., *Le Corbusier*, Zanichelli, Bologna 1983.

CAMPBELL G., *Anthitetical Feminine-Urban Imagery and a Tale of two Women-Cities in the Book of Revelation*, in «Tyndale Bulletin» 55/1 (2004) 81-108.

CASALINI N., *Il tempio nella letteratura giudaica*, in «Rivista Biblica» 43 (1995) 181-209.

CHILDS B., *Isaia*, Queriniana, Brescia 2005.

COOKE G.A., *The Book of Ezekiel. A Critical and Exegetical Commentary*, T & T Clark, Edinburgh 1985.

DEL ALAMO M., *Las Medidas de la Jerusalèn celeste (Apoc. 21,16)*, in «Cultura Biblica» 3 (1964) 136-138.

DEUTSCH C., *Transformation of Symbols: The New Jerusalem in Rv 21,1-22,5*, in «Zeitschrift für die Neutestamentliche Wissenschaft» 78 (1987) 106-126.

DIMANT D., *Apocalyptic Texts at Qumran*, in ULRICH E. - VANDERKAM J.C. (edd.), *The Community of the Renewed Covenant: The Notre Dame Symposium on the Dead Sea Scrolls*, University of Notre Dame Press, Notre Dame 1994, 175-191.

DOGLIO C., *Il Primogenito dei morti. La risurrezione di Cristo e dei cristiani nell'Apocalisse di Giovanni*, EDB, Bologna 2005.

DU RAND J.A., *The Imagery of the Heavenly Jerusalem (Revelation 21,9-22,5)*, in «Neotestamentica» 27 (1993) 299-311.

EICHRODT W., *Ezechiele*, Paideia, Brescia 2001.

FEUILLET A., *Études johanniques*, Desclée, Paris-Bruges 1961.

FAVA F., *La Jérusalem nouvelle. Une symphonie architecturale*, in «Christus» 42 (1995) 173-179.

FOERSTER W., κέρας, in KITTEL G. - FRIEDRICH G. (edd.), *Grande Lessico del Nuovo Testamento*, V, Paideia, Brescia 1969, 349-358.

FORNARA R., *La visione contraddetta. La dialettica fra visibilità e non-visibilità divina nella Bibbia ebraica*, Editrice Pontificio Istituto Biblico, Roma 2004.

FREY J., *The New Jerusalem Text in Its Historical and Traditio-Historical Context*, in SCHIFFMAN L.H. - TOV E. - VANDERKAM J.C. (edd.), *The Dead SeaScrolls. Fifty Years after their Discovery*, Israel Exploration Society, Jerusalem 2000, 800-816.

GARCÍA MARTÍNEZ F., *Qumran and Apocalyptic. Studies on the Aramaic Texts from Qumran*, Brill, Leiden 1992.

GARCÍA MARTÍNEZ F., *New Jerusalem*, in SCHIFFMAN L.H. - VANDERKAM J.C. (edd.), *Encyclopedia of the Dead Sea Scrolls*, I-II, Oxford University Press, New York 2000, 606-610.

GIESEN H., *Die Offenbarung des Johannes*, Pustet, Regensburg 1997.

GIBLIN C.H., *The Book of Revelation. The Open book of Prophecy*, The Liturgical Press, Collegeville 1991.

GLASSON T.F., *The Order of Jewels in Revelation 21,19-20. A theory Eliminated*, in «The Journal of Theological Studies» 26 (1975) 95-100.

GREENBERG M., *Ezechiel 1-20*, Doubleday, Garden City 1983.

HANSON P.D., *Isaia 40-66*, Claudiana, Torino 2006.

HOFFMANN M.R., *The Destroyer and the Lamb. The Relationship between Angelomorphic and Lamb Christology in the Book of Revelation*, J.C.B. Mohr (Paul Siebeck), Tübingen 2005.

LICHT A., *An Ideal Town Plan from Qumran: The Description of the New Jerusalem*, in «Israel Exploration Journal» 29 (1979) 45-59.

LINDARS B., *A Bull, a Lamb and a Word: 1 Enoch 90:38*, in «New Testament Studies» 22 (1975-1976) 484-485.

LOHMEYER E., *Die Offenbarung des Johannes*, J.C.B. Mohr (Paul Siebeck), Tübingen 1953.

LOHSE E., *Apocalisse*, Paideia, Brescia 1974.

LORENZIN T., *I Salmi*, Edizioni Paoline, Milano 2001.

LÜDEMANN G., ἐκ, in BALZ H. - SCHNEIDER G. (edd.), *Dizionario esegetico del Nuovo Testamento*, Paideia, Brescia 2004, 1070-1073.

MARRASSINI P., *Quarto libro di Ezra. Introduzione*, in SACCHI P. (ed.), *Apocrifi dell'Antico Testamento*, II, UTET, Torino 1989, 237-280.

MCGAUGHY L.C., *The verb* ΓΙΝΟΜΑΙ *in New Testament Greek. A descriptive analysis*, in «Forum» 2 (1999) 281-287.

MEN' A., *Leggendo l'Apocalisse*, Libreria Editrice Fiorentina, Firenze 2006.

MILITELLO C., *La casa del popolo di Dio: modelli ecclesiologici modelli architettonici*, EDB, Bologna 2006.

PANZARELLA S., *L'Angelo e Giovanni. Teologia, cristologia ed estetica nel libro dell'Apocalisse*, Cittadella, Assisi 2015.

PANZARELLA S., *La Partoriente-Sposa in Apocalisse come "simbolo" di identificazione ecclesiale*, in «Ho Theológos» 36/2 (2018) 163-198.

PANZARELLA S., *Lo Spirito parla alle Chiese*, Edizioni Sant'Antonio, Riga 2018.

PEDROLI L., *Dal fidanzamento alla nuzialità escatologica*, Cittadella, Assisi 2007.

PÉREZ FERNÁNDEZ M., *Quarto libro di Esra: il mondo presente è destinato alla perdizione*, in ARANDA PÉREZ G. - GARCÍA MARTÍNEZ F. - PÉREZ FERNÁNDEZ M. (edd.), *Letteratura giudaica inter-testamentaria*, Paidea, Brescia 1998, 280-286.

PICAZA IBARRONDO X., *Apocalisse*, Borla, Roma 2001.

PISANO O., *La radice e la stirpe di David. Salmi davidici nel libro dell'Apocalisse*, Editrice Pontificia Università Gregoriana, Roma 2002.

PRIGENT P., *L'Apocalisse di S. Giovanni*, Borla, Roma 1985.

PROCKSCH O., ἅγιος, in KITTEL G. - FRIEDRICH G. (edd.), *Grande Lessico del Nuovo Testamento*, I, Paideia, Brescia 1965, 234-310.

PUECH E., *À propos de la Jérusalem Nouvelle d'après les manuscripts de la mer Morte*, in «Semitica» 43-44 (1995) 87-102.

PUECH E., *The Names of the Gates of the New Jerusalem (4Q554)*, in PAUL S.M. - KRAFT R.A. - SCHIFFMAN L.H. - FIELDS W.W. (edd.), *Emanuel. Studies in Hebrew Bible Septuagint and Dead Sea Scrolls in honor of Emanuel Tov*, Brill, Leiden 2003, 379-392.

ROBERTS J.J.M., *The Hand of Yahweh*, in «Vetus Testamentum» 21 (1971) 244-251.

ROSSING B.R., *The Choice between Two Cities. Whore, Bride and Empire in the Apocalypse*, Trinity Press International, Harrisburg 1999.

RUSSELL D.S., *L'apocalittica giudaica*, Paideia, Brescia 1991.

SACCHI P., *Enoc. Introduzione del curatore*, in SACCHI P. (ed.), *Apocrifi dell'Antico Testamento*, I, UTET, Torino 1981, 423-461.

SALES M., *Il Vecchio Testamento. Il libro dei Salmi*, V, L.I.C.E., Torino 1934.

SCHNEIDER G., ἀπό, in BALZ H. - SCHNEIDER G. (edd.), *Dizionario esegetico del Nuovo Testamento*, Paideia, Brescia 2004, 330-333.

SCHÜSSLER FIORENZA E., *Apocalisse. Visione di un mondo giusto*, Queriniana, Brescia 1994.

SCHMITT E., *Die Christologische Interpretation Als das Grundlegende der Apokalypse*, in «Theologische Quartalschrift» 140 (1960) 257-290.

SEMBRANO L., *Gerusalemme: città-sposa e sposa-città. L'inesauribile forza di un simbolo di eternità*, in CASALEGNO A. (ed.) *Tempo ed eternità. In dialogo con Ugo Vanni S.J.*, Edizioni San Paolo, Cinisello Balsamo 2002, 129-140.

STECK O.H., *Der Grundtext in Iesaja 60 und Sein Aufbau, Der Grundtext in Iesaja 60 und Sein Aufbau*, in «Zeitschrift für Theologie und Kirche» 83 (1986) 261-296.

STONE M.E., *Fourth Ezra. A Commentary on the Book of Fourth Ezra*, Fortress Press, Minneapolis 1990.

SWETE H.B., *The Apocalypse of Saint John*, Macmillan, London - New York 1906.

TIGCHELAAR E., *The Imaginal Context and the Visionary of the Aramaic New Jerusalem*, in HILHORST A. - PUECH E. - TIGCHELAAR E. (edd.), *Flores Florentino. Dead Sea Scrolls and Other Early Jewish Studies in Honour of Florentino García Martínez*, Brill, Leiden 2007, 257-270.

TILLER P.A., *A Commentary on the Animal Apocalypse of I Enoch*, Scholars Press, Atlanta 1993, 386-389.

TOPHAM O.M., *The Dimensions of the New Jerusalem*, in «The Expository Times» 100 (1989) 417-419.

VALENZIANO C., *Liturgia Chiesa in corso d'opera*, Edizioni Liturgiche, Roma 2008.

VANNI U., *L'Apocalisse. Ermeneutica, esegesi e teologia*, EDB, Bologna 1988.

VILCHEZ LINDEZ J., *Tobia e Giuditta*, Borla, Roma 2004.

WOLFF H.W., *Studi sul libro di Giona*, Paideia, Brescia 1982.

ZAHN T., *Die Offenbarung des Johannes*, A. Deichert, Leipzig - Erlangen 1924.

ZIMMERLI W., *Ezechiel*, I-II, Fortress Press, Philadelphia 1979-1983.

Indice degli autori

Indice generale

Printed by Books on Demand GmbH, Norderstedt / Germany